Friedel Schmidt
Hundeleben

29.7.85

Friedel Schmidt

Hundeleben

Die ganze Wahrheit über Herkunft, Formenreichtum, Eignung und Haltung des Hundes (Canis lupus) sowie dessen Beziehung zum Menschen (Homo sapiens) im Lichte wissenschaftlicher Erkenntnis und persönlicher Erfahrung.

Gerstenberg Verlag

CIP-Kurztitelaufnahme der Deutschen Bibliothek

Schmidt, Friedel:
Hundeleben: d. ganze Wahrheit über Herkunft,
Formenreichtum, Eignung u. Haltung d. Hundes (Canis lupus)
sowie dessen Beziehung zum Menschen (Homo sapiens)
im Lichte wiss. Erkenntnis u. persönl. Erfahrung
Friedel Schmidt. – Hildesheim: Gerstenberg, 1985.
ISBN 3-8067-3010-5

Erste Auflage 1985
© 1985 Gerstenberg Verlag, Hildesheim
Alle Rechte vorbehalten
Handschriftlicher Text von Karin ter Wey
Lithos: Photolitho AG, Gossau/ZH
Hergestellt im Druckhaus Gebr. Gerstenberg, Hildesheim
ISBN 3-8067-3010-5

Vorwort

An dieser Stelle möchte ich mich bei allen Hundebuch-Autoren, Hundekundlern, Hundefreunden und besonders bei dem Hund meiner Tante Paula bedanken. Sie alle haben wesentlich zur Entstehung dieses Buches beigetragen.

Durch ausgiebiges Studium unseres treuen Freundes bin ich mehr und mehr auf den Hund gekommen und werde heute schon viel weniger gebissen.

Herzlichst
Ihr

Inhalt:

I. Vom Wolfshund zum Haushund 12
Geschichtlicher Überblick

II. Hunderassen 17
Kleine Rassenkunde

  A. Verkannte, äußerst seltene und exotische Hunde 22
   a) Seltene Gebrauchshunde 22
   b) Seltene Exoten 24
   c) Mischlinge und Promenadenmischungen 25

  B. Nutz- und Wachhunde 26
   a) Schäfer-, Hirten- und Treibhunde 26
   b) Doggen 31
   c) Doggenartige Hunde 34
   d) Schnauzer und Pinscher 36
   e) Terrier 38
   f) Spitze 42
   g) Verschiedene andere Rassen 44

  C. Gebrauchshunde 45

  D. Jagdhunde 49
   a) Laufhunde 50
   b) Schweißhunde 54
   c) Vorsteh- und Apportierhunde 55
   d) Stöberhunde 57
   e) Erdhunde 57

  E. Windhunde 59

  F. Schoß- oder Kleinhunde 63

III. Mensch und Hund – eine Lebensgemeinschaft ... 67

A. Wie kommt man auf den Hund? ... 67
a) Wer kann sich einen Hund halten? ... 68
b) Auswahl der Rasse ... 69
c) Die Wahl eines Welpen ... 70
d) Die ersten 24 Stunden im neuen Heim ... 72

B. Erziehung und Abrichtung ... 73
a) Der Hund – das unbekannte Wesen ... 73
b) Lob und Tadel ... 74
c) Wie sag ich es meinem Hund? ... 76
d) Wie nehme ich meinen jungen Hund auf den Arm? ... 76
e) Ein Thema, um das wir nicht herumkommen! ... 77
f) Am Halsband und Leine ... 82
g) Der Umgang mit Fremden ... 83
h) Der Stammplatz ... 85
i) Hund und Reisen ... 86
j) Die sieben Gebote ... 90

C. Ernährung und Pflege ... 95
a) Vom Fressen und Trinken ... 95
b) Ein anständiges Hunde-Menü ... 96
c) Eine haarige Angelegenheit ... 97
d) Von Wasser und Seife ... 98
e) Beim Friseur ... 100

D. Das Liebesleben des Hundes ... 101

E. Gesundheit und ein langes Leben ... 105
a) Der Hund ist krank! ... 106
b) So ein alter Hund! ... 107

I. Vom Wolfshund zum Haushund
Geschichtlicher Überblick

Wenig wissen wir vom Menschen. Seine Entwicklung beginnt in grauer Vorzeit.

Graue Vorzeit: Vor 10 Millionen Jahren

Es gibt keine Tagespresse, keine Bücher und kein Fernsehen. Die Massenmedien sind äußerst schwach entwickelt.
So können wir uns über wenige Knochen- und Waffenfunde viele Gedanken machen.

Versteinerte Waffenfunde aus dem Miozän

Wieviel schwerer ist es bei unserem Haushund? Trägt er doch keine Waffen und malt auch nicht in Höhlen.

So haben die Kynologen (Hundekundler) für uns geraten, wo Struppi wohl herkommt.

Ein typisches Beispiel von plumper Fälschung einer Höhlenmalerei. Der Hund stammt nicht vom Saurier ab. Auch hatte zu dieser Zeit die Entwicklung des Menschen noch nicht begonnen.

Und weil unser Hund 42 Zähne hat, sagen die meisten Hundekundler, er stammt vom Wolf ab, weil der Fuchs und der Schakal 42 Zähne haben – der Wolf natürlich auch.

42-zahniges Gebiß (Hund, Fuchs, Wolf, Schakal)

Es gibt auch keine Aufzeichnungen über das geschichtlich bedeutsame Zusammentreffen zwischen Hund und Mensch.

Aber jeder, der Hunde kennt, kann sich vorstellen, wie es war:

Zweifellos ist es nicht so schwer für einen aufsässigen renitenten Jungwolf, seine Genossen zu verlassen, den Menschen als <u>leitenden Wolf</u> zu akzeptieren und das Wolfsrudel gegen die Menschenhorde einzutauschen.

Aber – wie das so ist. Er kommt vom Regen in die Traufe.

Gleich muß er seinem Chef bei der Arbeit zur Hand gehen:

a) beim Bau eines Eigenheims

b) bei der Jagd: Erlegung eines Wisents

Also nur aus Zweckmäßigkeit und Eigennutz ist der Wolf auf den Hund gekommen.
Als sei das alles nicht genug, beginnt der Mensch nun auch noch mit der Hundezucht.
Eine Auslese (Paarung geeigneter Tiere) wird betrieben, um die körperliche Verfassung des Hundes seiner vorbestimmten Arbeit anzupassen. Schnelligkeit, Mut und Angriffslust, ein starkes Gebiß und die entsprechende Größe sind äußerst gefragt.

So entstehen im Laufe der Jahrhunderte immer neue Arten von Haushunden, die entweder spezielle Aufgaben erledigen müssen oder, dem jeweiligen Modetrend entsprechend, nur gut auszusehen haben.

Abbildung a): Spezieller Aufgabenbereich

Abbildung b): Modehund

Schon im Altertum, bei den Ägyptern und Römern, übernehmen Kleinhunde anstelle von geschwätzig langweiligen Hofschranzen die Rolle des Gesellschafters.
Im Laufe der kulturellen Entwicklung wird der Hund endlich zum Kumpan und Hausfreund des Menschen, der mit ihm gern einen Gang durch die Gemeinde macht, der ihm aber selbstverständlich auch gestattet, sich gelegentlich auf die faule Haut zu legen.

Alles in allem können wir eines mit größter Gewißheit behaupten: Der Hund stammt nicht vom Schwein ab, trotz anderslautender Aussagen und Beschimpfungen wie: *Sau- oder Schweinehund*

So in etwa wird unser Haushund um 6000 v. Chr. ausgesehen haben.

In der mittleren Steinzeit (etwa 8000 v. Chr.) setzt eine lange Entwicklung ein, in der man dem Wolf so zusetzt, daß er auf den Hund kommt.

was an vielen Knochenfunden nachgewiesen wird.

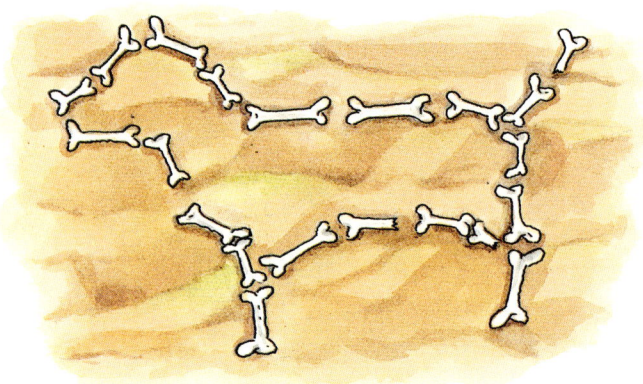

Knochenfunde aus dem Pliozän, die eindeutig auf unseren Haushund hinweisen.

Dem Menschen wird das Jagen und Sammeln zuviel. Er wird Viehzüchter und Bauer und der Hund vom Hilfsjäger zum Wächter von Haus und Hof und Beschützer gegen Raubtiere umgeschult.

Hier ist unserem Zeichner ein Fehler unterlaufen: Dies ist kein Vorläufer unseres Hundes oder etwa ein mißratener Windhund, sondern ein Astropotherium. Es lebte vor 6 Millionen Jahren (Pliozän) in Südamerika und war in etwa so groß wie ein Nashorn. Ob es jedoch einen Rüssel hatte, ist nicht sicher.

Vom vielen Laufen, Jagen und Bücken bekommt er einen Buckel und Senk-Spreizfüße und sieht an der Wende von der mittleren zur jüngeren Steinzeit (etwa 6000 v. Chr.) unserem heutigen Haushund schon recht ähnlich,

II. Hunderassen
Kleine Rassenkunde

„Das ist aber ein dicker Hund!"

Es gibt ungefähr 400 verschiedene Hunderassen. Sie werden sagen: „Das ist ja ein dicker Hund!" Das auch – aber nicht nur. Es gibt dünne Hunde wie die Windhunde, wahre Riesen wie die Neufundländer, die so schwer werden wie die Cousine mütterlicherseits, oder Zwerge wie die mexikanischen Zwergterrier, die wir mit ihren 20 cm und 2½ kg spielend in die Brieftasche stecken können.

Beispiel: „Das lebendige Ereignis in der Tasche"

Das ist nicht etwa ein Schmucktüchlein, sondern unser Taschenhund Fifi. Auf diese Weise kann er bequem und unbemerkt „Gassi" getragen werden.

Alle diese Tiere gehören verschiedenen <u>Rassen</u> an. Und schon sind wir bei dem Wort, welches wir in diesem Kapitel eingehend erörtern wollen:

<u>„Rasse"</u> ist ein biologischer Begriff, der eine Anzahl von Lebewesen umfaßt, die ein gleiches oder ähnliches Aussehen und Benehmen haben, welches sich möglichst leicht vererben läßt (Erbbild).

Typische Vererbungsbeispiele

Wie wir sehen, treffen in beiden Fällen (1 und 2) beide Faktoren a) Aussehen, b) Benehmen auffallend zusammen.

Abbildung eines Erbbildes }

Kennen wir doch beim Menschen den Ausspruch: „Er ist ganz der Papa." Womit in den meisten Fällen schlechtes Benehmen und Aussehen gemeint sind, was sich zweifellos auf das Erbbild beziehen läßt.

Erst später, am Ende des vergangenen Jahrhunderts, erhält unser Hausfreund einen „Rassenamen". Aus dem Bullenbeißer wird unsere Deutsche Dogge (große Form) oder der Boxer (kleine Form).
Durch intensivste Züchtung (Veredelung) entstehen weitere extrem stromlinienförmige, dickbäuchige, breitschultrige, flachbrüstige, kurzbeinige, langhaarige, struppige oder anders geartete Geschöpfe. (Die Beschreibung kann an anderer Stelle vervollständigt werden.)

„Er ist ganz der Papa."

„Vertrauen ist gut. Kontrolle ist besser."

Eine Hunderasse besteht also aus einer mehr oder weniger großen Anzahl von Hunden, die sich in ihrem Aussehen und ihren Erbanlagen möglichst ähnlich sind. Die Rasse wird durch einen Namen gekennzeichnet. (Rassenbezeichnung). Einzelne Rassen sind schon sehr alt. Sie tragen volkstümlich-wohlklingende Namen wie „Bullenbeißer" oder ähnlich, was darauf schließen läßt, daß dieser Hund Bullen gebissen hat.

Zur Kontrolle wird ein Zuchtbuch angelegt und der Hund mit einer Nummer, einem Namen und dem Zwingernamen eingetragen, was uns durch unseren Personalausweis hinlänglich bekannt sein sollte. Der Begriff „Rasse" taucht im 19. Jahrhundert auf. Er stützt sich auf die Vererbungs- und Züchtungslehre des Franzosen Gobineau und hat eine Züchtungshysterie zur Folge. Die Bewegung nimmt in der Mitte der 80er Jahre des vorigen Jahrhunderts ihren Anfang und geht immer noch weiter.

Der Bullenbeißer

Um nun wirklich alle züchterischen Eingriffe perfekt vornehmen zu können, werden „Zuchtvereine für Rassehunde" gegründet, der VDH = Verein Deutscher Hundehalter und der F.C.I., was nicht etwa der Fußball-Club Itzehoe, sondern die weltweite Organisation für Hundezucht = Fédération Cynologique Internationale ist.

So sind wir bei 400 Rassen angelangt, die der Ordnung halber und nach den Satzungen der F.C.I. in vier Kategorien eingeteilt werden:
Schäferhunde, Schutz- und Wachhunde
Jagdhunde
Begleithunde (Gesellschaftshunde, Kleinhunde usw.)
Windhunde

Das obenstehende Beispiel zeigt uns, welche züchterischen Maßnahmen vorgenommen werden, um dem Boxer seine typische Physiognomie (flache Nase) zu geben: Sie halten eine Wurst hinter eine Glasscheibe und dieser Hund drückt sich garantiert die Nase platt.

Eines sollten wir abschließend noch bemerken, nämlich daß jeder Hund, egal welcher Rasse oder Staatsangehörigkeit (also auch Dackel und Bernhardiner), den anderen am typischen Geruch und an der gleichen Zeichensprache erkennt und als Artgenossen anerkennt.

1. Dogge
2. Bobtail
3. Schäferhund
4. Collie
5. Airedaleterrier
6. Boxer
7. Chow Chow
8. Dalmatiner
9. Setter
10. Whippet
11. Pudel
12. Cockerspaniel
13. Kurzhaardackel
14. Pekinese
15. Chihuahua
16. Rauhhaardackel
17. Mops
18. Unser Huber

A. Verkannte, äußerst seltene und exotische Hunde

Vorab stellen wir Ihnen einige äußerst seltene und exotische Hunderassen vor, die aus unerfindlichen Gründen bisher noch nicht von der internationalen Organisation für Hundezucht anerkannt worden sind. Auch wollen wir nicht vergessen, auf unsere Promenadenmischungen hinzuweisen, die keine reinrassigen Eltern haben. Sie bedürfen unserer besonderen Liebe und Aufmerksamkeit, stehen sie doch ihren reinrassigen Artgenossen an Intelligenz, Auffassungsvermögen und Treue um nichts nach.

a) Seltene Gebrauchshunde

Der Mop

Durch den Anwuchs auf dem Rücken bildet die Rute einen praktischen Henkel.

1) Der englische Reisehund ist ein ausgesprochener Urlaubshund und recht leicht zu transportieren. (siehe Beispiel oben)

3) Der Mop oder Staubmop, nicht zu verwechseln mit dem Mops. Besondere Vorteile: Er kann wegen seiner geringen Schulterhöhe selbst unter die niedrigsten Schränke. Er fusselt nicht und wird daher gern beim Hausputz eingesetzt.

Beispiel a)

Platzsparend und durch den gestreiften Hosenanzug kaum auffallend.

Beispiel b)

Günstig an einer Hausecke abgestellt, kann er, von vorne sichtbar, hinten unbemerkt sein Geschäft auf dem Bürgersteig erledigen.

1000-fache Vergrößerung

Originalgröße

2) Der oldenburgische Flohbeißer liefert sich, kaum sichtbar, erbitterte Kämpfe mit unserem heimischen Hundefloh. Nachteil: in großen Wohnungen kaum auffindbar.

4) Der Berliner Eckenhund ist rechtwinklig angeordnet und kann besonders gut an Ecken abgestellt werden. Er macht sich recht dekorativ in Zimmerecken (Beispiel a), ist aber auch an jeder Hausecke gut einsetzbar (Beispiel b).

5) Der Leucht- und Fernsehhund
Nur auf besonderes Bestreben seiner zahlreichen Liebhaber wird er hier vorgestellt. Er entstand aus jahrelangen Züchtungen und Veredelungen der Standard-Leuchten AG. Besondere Vorteile: Er verharrt regungslos auf dem Fernseher und gibt uns schummriges Licht. Besonders leichte Pflege: Er braucht nur abgestaubt zu werden.

Bevorzugte Lage

6) Der schottische Mantelhund
Besonders gern setzt er sich bei seinem Frauchen auf die Mantelschultern und wirkt in ruhiger Haltung ganz wie ein wertvoller Pelz. Er hat eine weit größere Verbreitung, als allgemein angenommen wird.

7) Der Ottomanenhund eignet sich hervorragend für müde Herrchen und läßt sich auf Grund seiner Vielfältigkeit gut als Sessel benutzen.

8) Der westfälische Roßhund
Wie uns schon der Name sagt, wird dieser Hund groß wie ein Pferd und ist im Gegensatz zum Reitpferd auch für kleinere Geldbeutel erschwinglich. Er ist eine Weiterzüchtung unserer Riesen-Dogge. Besonderer Vorteil: Er braucht keine Hufbeschlagung.

Ausgezeichneter Ohrenaufschlag

b) Seltene Exoten

1) **Der malaiische Amphibienhund** ist gut zu Land, zu Wasser und in der Luft. Es gibt nur einige wenige Exemplare, die nur ganz selten gesichtet werden. Also, das nächste Mal achtgeben, wenn es von oben bellt.

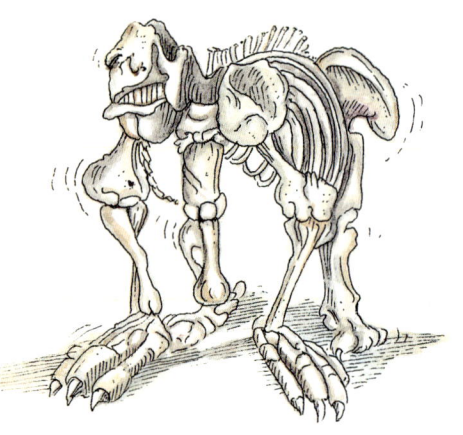

2) **Der kaukasische Knochenhund**
Besondere Vorteile: Er braucht kein Futter, haart nicht und riecht nicht nach Hund.
Geringer Mangel: Verdacht auf Magersucht

Der kleine Unterschied: Der niederbayrische Osterhund hat ein braunes Schwänzchen.

Merke: Vorne ist immer der Gejagte

3) **Der niederbayrische Osterhund** wird jedes Jahr zu Ostern hervorgeholt. Außerdem eignet er sich hervorragend zur Hasenjagd (siehe Abbildung).

c) Mischlinge und Promenadenmischungen

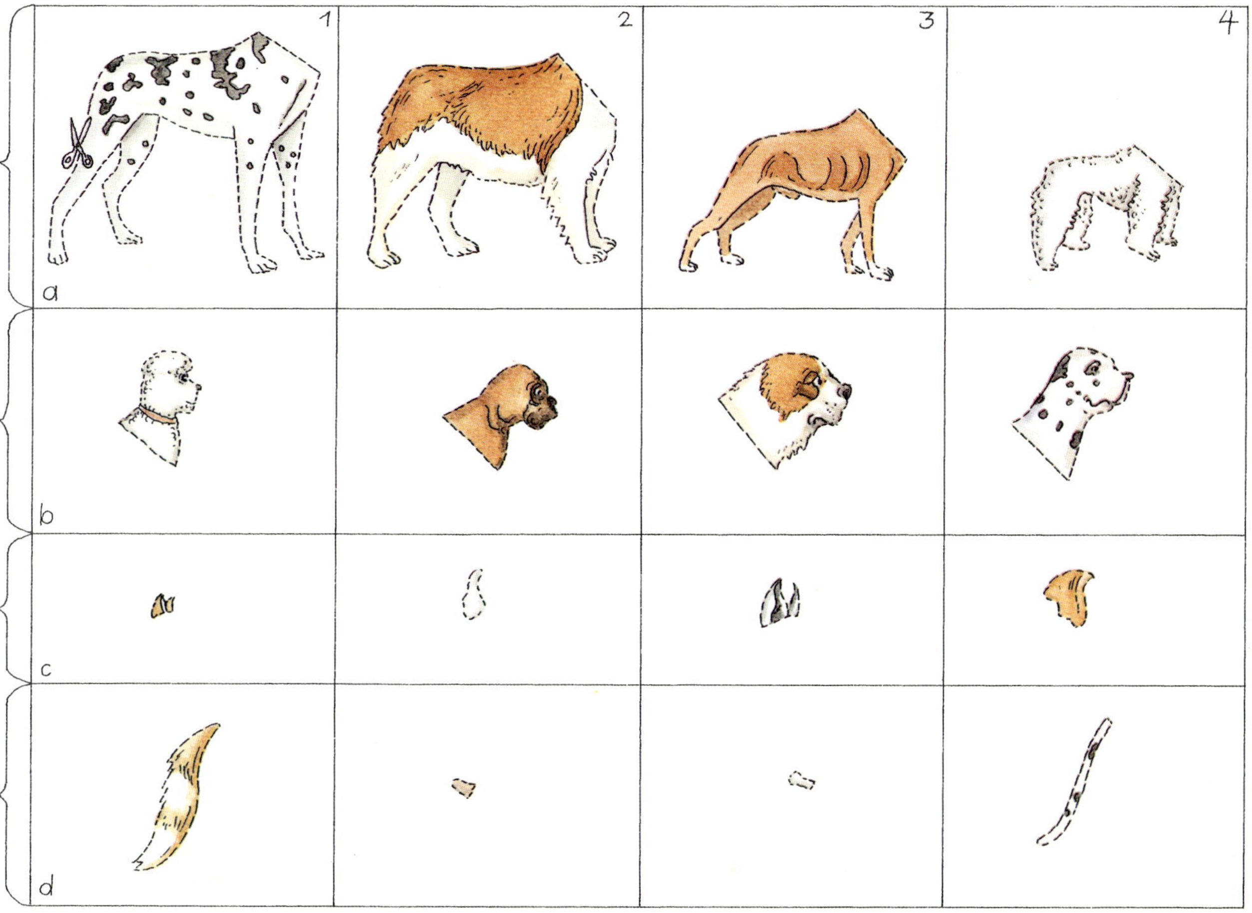

	1	2	3	4
Körper (a)				
Kopf (b)				
Ohren (c)				
Schwanz (d)				

Basteln Sie sich Ihre Promenadenmischung selbst!

In obenstehender Tabelle sehen Sie Teilstücke bestimmter Hunderassen.

Nehmen Sie eine Schere, schneiden Sie entlang der gestrichelten Linie und kleben Sie sich eine Promenadenmischung nach Ihren Wünschen zusammen.

Daraufhin machen Sie sich auf den Weg und suchen Ihren Liebling. Sie werden ihn bestimmt finden!

Kombination 1a/1b/1c/1d

Eine von vielen möglichen Variationen sehen Sie in der obenstehenden Abbildung. Und nun:

Viel Spaß!

B. Nutz- und Wachhunde

a) Schäfer-, Hirten- und Treibhunde

Im folgenden stellen wir Ihnen einige wenige Hunderassen vor, die je nach Herkunft und Gebrauch unter diesen Sammelbegriff einzuordnen sind. Die Aufzählung hat keinen Anspruch auf Vollständigkeit. Tausende von Jahren hat der Hund unsere Herden gehütet (Schäferhund), sie vor Raubtieren und Menschen beschützt (Hirtenhund) und sie von einem Ort zum anderen getrieben (Treibhund).

Heute ersetzt in vielen Ländern der elektrische Zaun den Schäferhund, Raubtiere werden mit modernen Waffen vernichtet, und den Viehtransport übernehmen Eisenbahnen und Lastwagen. So wird der Hund seiner ehemaligen Tätigkeit mehr und mehr entwöhnt.

Er hat ein starkes Mittelpunktsdenken...

...und ist seinem Schäfer von Herzen zugetan.

Das schwarze Schaf

27

<u>Der altenglische Schäferhund</u> <u>oder Bobtail.</u>
Sein Fell bedarf intensivster
Pflege.

Frage: Was macht der altenglische Schäfer bei Regen?

<u>Der Schottische Schäferhund</u> oder <u>Collie</u>
ist als solcher nur noch bedingt geeignet.
Seit einer bestimmten Fernsehsendung
verbringt er die meiste Zeit vor dem Fernseher.

<u>Aus dem Fotoalbum:</u> Pyrenäenhund im Schnee

<u>Der Pyrenäenhund</u> ist ein gewaltig imposanter Hund. Er besitzt ein dichtes, wetterbeständiges Fell von reinweißer Farbe.

Die Arbeit des _Ungarischen Puli_ wird durch seine Orientierungsschwierigkeiten erschwert. Er weiß selten, ob er vor- oder rückwärts läuft.

An den untenstehenden Beispielen a) und b) lernen wir Vorder- und Hinterteil zu unterscheiden.

Beispiel a)   _Beispiel b)_

Aus dem Fotoalbum

Der Briard kommt aus der Landschaft Brie, wo der bekannte Käse gemacht wird, was man allenthalben an seinem Geruch bemerken soll.

In diesen beiden Fällen (a, b) sind Ohren und Haare nicht kupiert.

Unser Briard   _Unser Paul_

Die besten Schäferhunde der Welt

Der Border-Collie ist äußerst intelligent und geduldig. Er umkreist und hypnotisiert die Herde, damit sie ihm gehorcht. Er kann am Tage 80 km laufen und dabei die Arbeit mehrerer Leute erledigen.

Man beachte den hypnotischen Blick und die einschläfernde Würkung!

Der Kelpie unterscheidet sich im Verhalten auffällig von anderen Schäferhunden. Bei dichtgedrängter Herde läuft er über die Rücken der Schafe, um sie so in die richtige Richtung zu steuern.

Erhöhte Position ermöglicht besseren Überblick.

b) Doggen

Als Doggen bezeichnen wir im allgemeinen diese riesig wuchtigen Hunde mit massigem Kopf und starkem Gebiß. Sie werden größer als Shetlandponies und sind Nachfahren der bereits erwähnten Bullenbeißer und Saupacker.

Ängstliche Fürsten umgaben sich gern mit diesen furchterregenden Gesellen. Man nannte sie Kammerhunde, Leibhunde oder Englische Hunde. Auf Englisch heißt Hund bekanntlich „dog". Das weiß jeder, der dieser Sprache mächtig ist, und sehen Sie, genau daher kommt der Name „Dogge".

Und weil dieser Hund leicht beim Kampf in seine Hängeohren gebissen wurde, hat man sie oftmals einfach gekürzt. Für empfindlichere Gemüter nennt man das Kupieren.

So gefährlich, wie die Dogge aussieht, ist sie nicht. Sie ist gutmütig, kinderlieb und zutraulich zu allen, die zur Familie gehören, also gut einzusetzen, wenn der Gerichtsvollzieher kommt.

Keinerlei Probleme macht die Ernährung, wenn Sie eine kleinere Metzgerei oder eigene Hausschlachtung haben. Der Hund frißt 2,5 kg am Tag.

Bei der Erziehung der Welpen (so nennt man junge Hunde, auch Doggen) sollten wir darauf achten, beim Essen nichts unter den Tisch fallen zu lassen, sonst müssen wir später ständig unser Kotelett im Auge haben, wenn dieser Hund, erwachsen geworden, über unsere Schulter auf den Teller schielt.

Am besten, Sie melden sich gleich bei einem Sportverein an und üben Langlauf, denn die Dogge braucht viel Auslauf. Als nächstes ziehen Sie aus Ihrer Sozialwohnung in ein geräumiges Landhaus. Das sind die entsprechenden Raumverhältnisse für Ihren wuchtigen Gefährten.

Als Ramses Oma absolut nicht mit auf's Sofa lassen wollte...

Dieses Foto stellte uns Herta B. aus Herne freundlicherweise zur Verfügung.

1) Die Deutsche Dogge ist das veredelte Kreuzungsprodukt besonders großer Bullenbeißer.

Geschichten, die das Leben schreibt...
Trotz vitaminreicher Kost, zusätzlicher Kraftnahrung und allmorgendlichem Größenvergleich wollte es Alfons Kleinsorge aus Soest nicht gelingen, die Größe seiner Deutschen Dogge zu erreichen.

2) Der Mastiff ist der englische Verwandte der Deutschen Dogge.

Aus der Historie:
55 v. Christus kämpften die Mastiffs mit den Engländern gegen Julius Cäsar. Dem gefielen die Hunde so gut, daß er sie mit nach Hause nahm und als Kampfhunde gegen Löwen, Bären und Gladiatoren abrichtete. Der Name „Mastiff" soll sich vom lateinischen massivus = gewaltig ableiten.

MASSIVUS, wie wir Lateiner sagen.

3) Die Bordeaux-Dogge ist die französische Cousine von Deutscher Dogge und englischem Mastiff.

Aus der Historie
Römische Kampfhunde sind die Urahnen der Bordeaux-Dogge, denn das französische Gallien war lange Zeit eine heißumkämpfte römische Provinz.

Damals in Gallien:

Die haben gute Hunde, die Römer!

4) Die Englische Bulldogge hieß ehemals „bold dog" = furchtbarer Hund. Abgesehen von ihrem Aussehen hat sie im Laufe der Jahrhunderte alles Furchtbare verloren.

Zuchtanweisung:
Der Kopf der Englischen Bulldogge soll so viele Falten haben, als ob man die Luft herausgelassen hätte.

TIER + WISSENSCHAFT

Was heißt hier „hätte"! Nach jahrelangen Forschungsarbeiten entdeckte Dr. H. Beller, Professor der Kynologie, des Rätsels Lösung.

Na bitte!

PRALLE-LINIE NR. 10
Die wahre Geschichte

Früher hatte ich immer Komplexe! Das ist jetzt vorbei! Seit ich eine englische Bulldogge mein eigen nenne, werde ich mit Komplimenten überhäuft, wenn die Leute diesen Hund erblicken.

*Anni Untermayer
19 Jahre, Oberursel*

c) Doggenartige Hunde

Diese Hunde entstammen Kreuzungen, an denen Doggen nicht unwesentlich beteiligt sind.

1) Der Neufundländer ist äußerst seetüchtig. Wie uns sein Name sagt, kommt er aus Neufundland. Er half dort den Fischern bei der Arbeit.

Aus der Historie:
Ein Neufundländer mit Namen «Boatswain» rettete Napoleon vor dem Ertrinken, als er auf seiner nächtlichen Flucht von der Insel Elba ins Wasser fiel.

2) Der Bernhardiner „Barry" vom Hospiz St. Bernhard auf dem St.-Bernhard-Paß ist der berühmteste Hund der Welt. Er hat 40 Menschen das Leben gerettet und steht ausgestopft im Naturhistorischen Museum in Bern.

Danke, Barry!

d) Schnauzer und Pinscher

„Schnauzer mich nicht an, Du Pinscher!" Sehen Sie, so haben wir auf diese Weise beide Hunde in einem Satz vereint, denn sie stellen eine alte, weitverbreitete Hundesippe dar. Diese rauhbärtigen Gesellen und „Hunde des kleinen Mannes" erfüllen als Rattenfänger und Viehtreiber lange Zeit bescheiden und kaum bemerkt ihre Pflicht. Der Name Pinscher kommt aus dem Englischen (to pinch = kneifen oder drücken). Das macht dieser Hund, bevor er seine Beute totbeißt.

Der Schnauzer ist der rauhhaarige Schlag der Pinscherfamilie. Bis zum Ende des 19. Jahrhunderts hatte man ihn so hin- und hergekreuzt und Schwanz und Ohren dermaßen kupiert, daß er mit seinen borstigen Augenbrauen und seinem struppigen Bart nur noch bärbeißig in die Gegend guckte und dem heutigen Erscheinungsbild unseres Schnauzers schon völlig entsprach. Es gibt ihn in drei Ausführungen: als Riesen-, Mittel- und Zwergschnauzer.

Sollten Sie alle drei Ausführungen des Schnauzers besitzen und räumlich beengt sein, machen wir Ihnen untenstehenden Vorschlag:

Für etwaige Folgen kommen wir natürlich nicht auf!

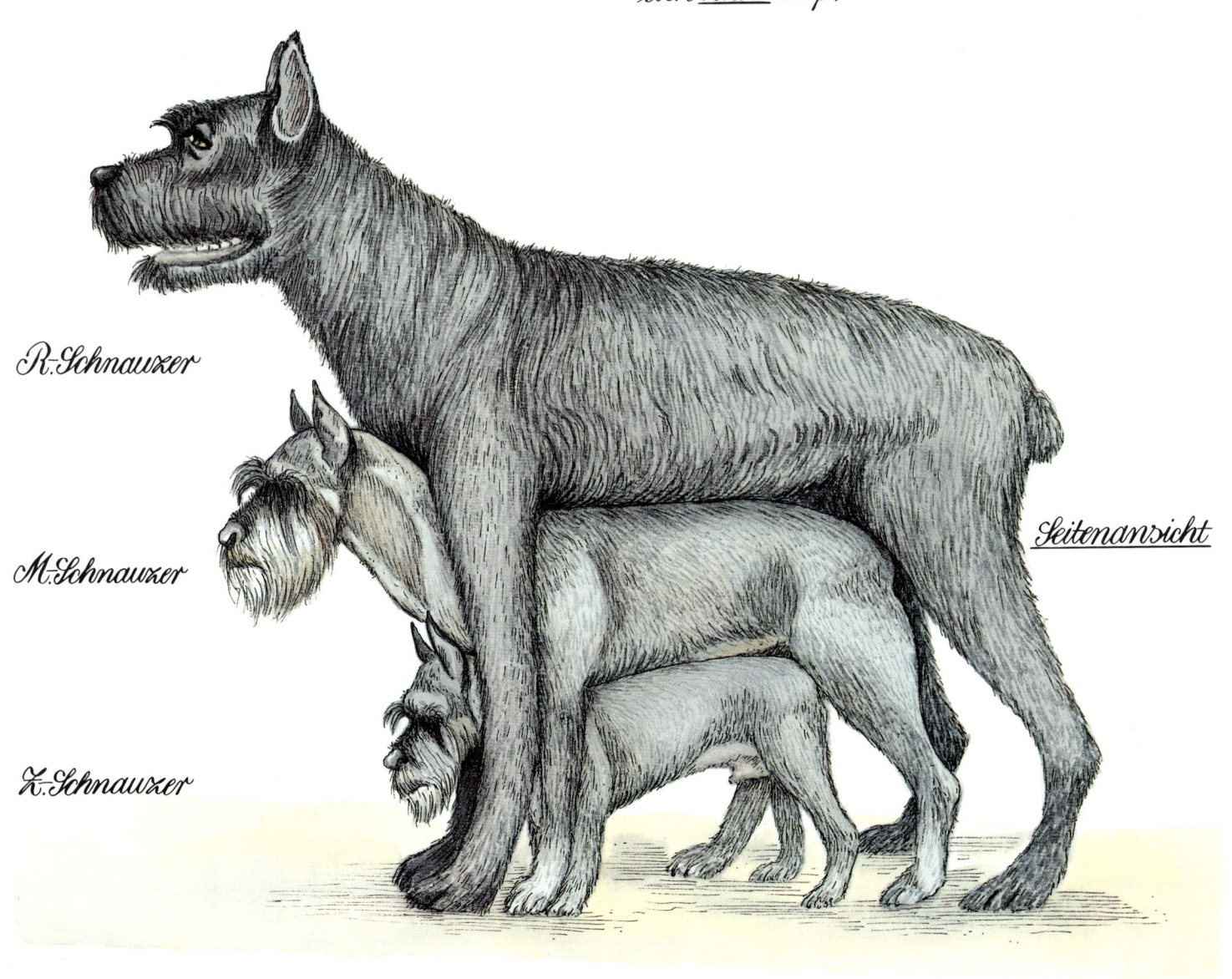

R. Schnauzer
M. Schnauzer
Z. Schnauzer

Seitenansicht

Neben der Standardausführung gibt es den
<u>Zwergpinscher</u> und den <u>Affenpinscher</u>.
Der rotbraune Zwergpinscher wird <u>Reh-
pinscher</u> genannt.

<u>Rehpinscher</u>   <u>Rehbockpinscher</u>   <u>Hirschpinscher</u>

<u>Zuchtanweisung:</u>
Jede Zwergenhaftigkeit oder Degenerations-
erscheinung wie a) <u>Apfelkopf</u> oder
b) <u>spitze Mauseschnauze</u> gelten als Fehler.

Aus „<u>Hund und Wissenschaft</u>":
Laut Dr. Hazzo Beller, Professor der Kynologie, ist der Rehpinscher eine Kreuzung aus
Reh und <u>Pinscherrüden</u>. Die Beteiligung
von <u>Rehbock</u> oder gar <u>Hirsch</u> wird ent-
schieden ausgeschlossen.

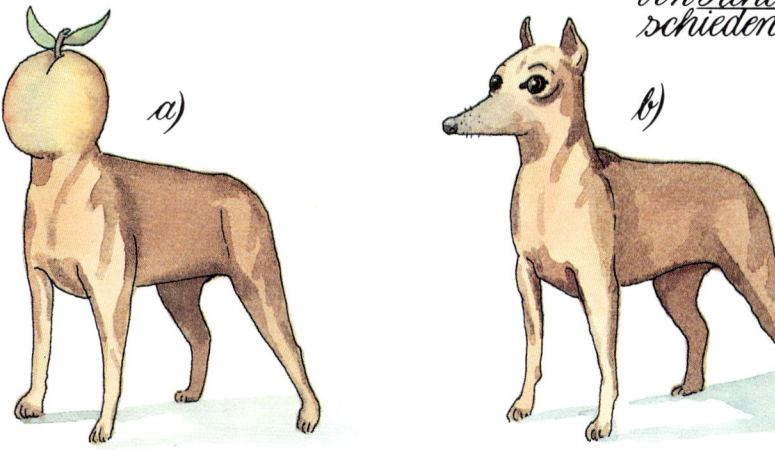

<u>Der Affenpinscher</u> ist
das kleinste Mitglied
der Pinscherfamilie.
Er ist cholerisch, robust
und sehr lebendig.

„Det hätten'se
mal zu meinem
Hund sagen sollen,
Sie <u>Affenpinscher</u>."

<u>Affenpinscher</u>

e) Terrier

In dieses Kapitel sollten wir uns hineinwühlen und uns darin festbeißen, denn immerhin haben wir es mit einer umfangreichen, gemischten Gesellschaft von Rassehunden, den Terriern, zu tun. Sie stammen von den Britischen Inseln und wurden zur Jagd unter der Erde (lat. terra = Erde) eingesetzt.

Es gibt rauhhaarige, glatthaarige, langhaarige und seidenhaarige Terrier in vielen Farben und unterschiedlichen Größen. Und nun stellen wir Ihnen einige unserer „Erdhunde" vor.

Ein schwerer Fall

Der Airedale-Terrier ist der größte in seiner Familie. Er war in vielerlei Hinsicht in der Armee tätig, was ihm den Namen Kriegshund eingetragen hat.

Keine Angst, der tut nichts

Der Bullterrier ist eine immer bereite Kampfmaschine. Er kann aus dem Stand heraus enorme Geschwindigkeiten entwickeln.

In England wurde der Foxterrier Anfang des 19. Jahrhunderts mit auf die Fuchsjagd genommen.

Wie wir an der Rute eindeutig sehen können, handelt es sich um einen <u>drahthaarigen Foxterrier</u>.

(englisch fox = Fuchs)
(lateinisch terra = Erde)

FUCHSERDHUND

Nebenan sehen Sie unseren Fuchserdhund.

<u>Der Bedlington-Terrier</u> erreichte durch seine Reinzucht nach und nach das Aussehen eines Schäfchens.

Als Agatha von Witzleben den Schäfer Franz Wüllenweber traf:

„Bringen'se sofort dat Lamm zurück in die Herde!"

Der Scotch-Terrier ist ein niedriger Hund mit imposantem Schnauzbart. Dank seines wuchtigen Körpers und seines kräftigen Gebisses hat er keinerlei Minderwertigkeitskomplexe gegenüber größeren Hunden.

Sollte Ihr Scotch-Terrier nicht völlig reinrassig sein, hängen Sie ihm eine von diesen karierten Decken um. Das wirkt echt schottisch!

Der West-Highland-White-Terrier ist eigentlich ein weißer Cairn-Terrier.

Suchbild

War das eine Freude, als unser Karl-Heinz seine alte Mutter nach 25 Jahren wiedersah!... Aber wo ist unser Weißer Hochland-Terrier?

Der Yorkshire-Terrier ist dieser typische kleine „Schleifchenhund."

1972 hatte jedes Fotomodell, das auf sich hielt, einen Yorkshire-Terrier –

oder zwei!

f) Spitze

Sollten Sie geräuschempfindlich sein oder Bellen gar als Lärm empfinden, kaufen Sie sich am besten Ohrenschützer, oder stopfen Sie sich zumindest Watte in die Ohren, denn jetzt kommt der größte Kläffer an die Reihe.

Die Sippe der Spitze ist wohl die verbreitetste und zudem auch die älteste. Schon die Pfahlbauern der Steinzeit hatten spitzartige Hunde als Hausgenossen, und selbst auf Neuseeland gab es einen Spitz, den Kuri. Die einwandernden Maoris brachten ihn um 1350 von Tahiti als Spielgefährten und Delikatesse mit; inzwischen wurde er aufgegessen. Im Mittelalter lag fast vor jeder Hütte ein Spitz. Er wurde abfällig als "Mistbeller" bezeichnet. Sein Name galt als Schimpfwort, wie es der Ausdruck "Spitzbube" noch heute zeigt.

Der Spitz ist wohl der beste Wachhund, den es unter allen Hunderassen gibt, aber auch als Jagd- (Elchhund, Finnenspitz), Hüte- und Schlittenhund (Husky, Samojedenspitz, Alaska-Malamute) leistet er hervorragende Dienste.

Was heißt hier, er läßt es doch zu. Nehmen Sie sofort ihren Spitz aus meinem Setter!

Der Name Spitz deutet nicht unbedingt auf ein reges Geschlechtsleben dieses Hundes hin.

Zwergspitz

Sollten Sie dieser Behauptung keinen Glauben schenken, nehmen Sie etwas weniger Spitz, z.B. einen Zwergspitz.

Der *Chow-Chow* stammt aus China. Er ist ein bedächtiger, stolzer und treuer Hund.

Sollte Ihr Chow-Chow eine dick belegte, blaue Zunge haben, gehen Sie nicht gleich mit ihm zum Arzt.

<u>Merke:</u>
Die Zunge des Chow-Chow (sprich: Schau-Schau) ist von Natur aus gräulich-blau.

Die erste Ausfahrt mit meinem neuen Schlittenhund (Alaska-Malamute)

Dieses Foto schickte uns Bodo Bodemann aus Bödefeld.
<u>Danke, Bodo!</u>

g) Verschiedene andere Rassen

Abgesehen davon, daß Sie Ihrem vierbeinigen Hausgenossen hin und wieder den Friseur zahlen müssen, bewegt sich die Pflege des Hundes in erträglichen Grenzen.

Er planscht gern im Wasser und macht sich dabei pudelnaß, und wenn Sie gut zu ihm sind, fühlt er sich pudelwohl.
Es gibt Groß-, Klein- und Zwergpudel.

Der Pudel ist ein besonders vielseitig verwendbarer Hund. (vgl. nebenstehenden Ausschnitt aus unserem Handarbeitsheft).

Heute stricken wir mit Oma Schütze eine schicke Pudelmütze!

Die tibetischen Rassen stammen, wie der Name sagt, aus Tibet. Der priesterliche Stand der Lamas spielte bei der Zucht eine wesentliche Rolle.

Keine Angst, dieses ist kein Hund, der vorn grimmig schaut und hinten die Zunge heraussteckt! Nein, es sind zwei Hunde: Tibet-Terrier und Lhasa Apso.

C) Gebrauchshunde

Die Bezeichnung „Gebrauchshund" sagt, <u>diese Hunde können wir gut gebrauchen!</u> Besondere körperliche Fähigkeiten und absolute Zuverlässigkeit machen sie zum wertvollen Helfer des Menschen. Sie dienen uns als Spür- und Führ-, Schutz- und Wach-, Polizei- und Streifenhund, als Blindenführer, Kriegs- und Schäferhund.

Für ihre speziellen Einsatzbereiche benötigen sie schon eine „höhere Hundeschule". Allein die Grundausbildung dauert sechs bis acht Wochen.
Zu den Gebrauchshunden zählen: Der Deutsche Schäferhund, der Boxer, der Dobermann, der Rottweiler, der Riesenschnauzer, der Airedaleterrier und der Hovawart.

Der Deutsche Schäferhund ist der universellste Gebrauchshund, den es gibt. Er kann fast zu jeder Arbeit abgerichtet werden. Er begann als Schäferhund und entwickelte sich zum Polizei- und Streifenhund, zum Blindenführer und zum Kriegs- und Schutzhund.

Blödes Training! Immer, wenn ich mich über diese Holzwand quäle, klopft mir dieser Hund mit der Pfote auf die Schulter.

Der Rottweiler trieb ehemals für die Metzger in Süddeutschland das Vieh zum Markt oder zum Schlachthof. Heute hat er sich als ausgezeichneter Wach- und Schutzhund bewährt. Die Metzger sind ihm aber auch heute noch treu geblieben. Sie halten ihn immer noch gern als Wachhund.

Ich hab's dir doch gesagt, das ist kein Wach- sondern ein Schlafhund!

Geschichten, die das Leben schreibt:

Was liegt wohl näher, als die bedingungslose Freundschaft zwischen der _Boxerhündin Julia_ und ihrem _Herrchen Hennes Hammer_, Landesmeister im Fliegengewicht?

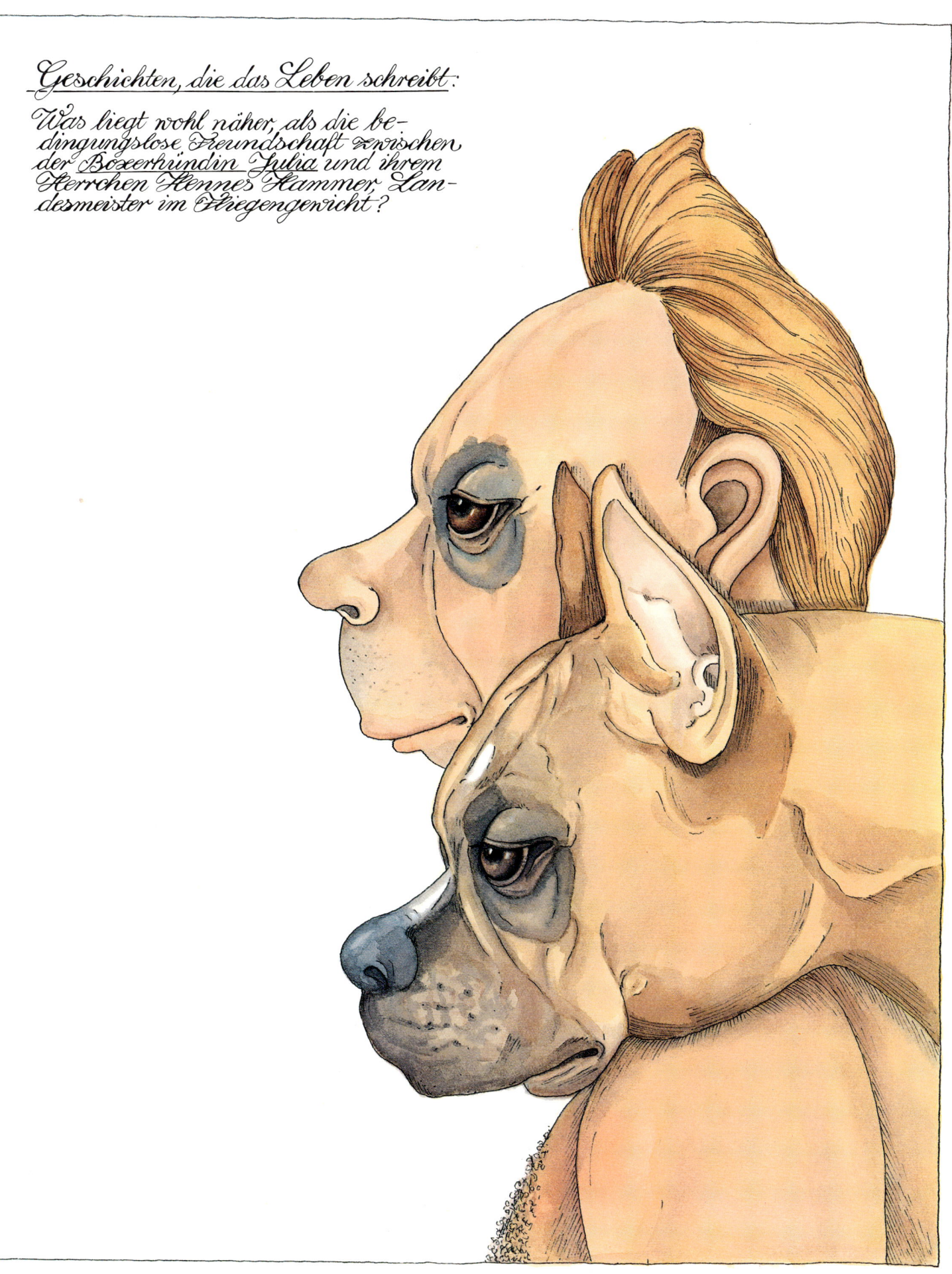

D) Jagdhunde

Schon als unsere Urahnen mit Pfeil, Bogen und Speer durch die Wälder streiften, war unser Hund als mutiger Angreifer an ihrer Seite. Später, nach der Erfindung des Schießgewehrs, wurden ihm andere Aufgaben zugeteilt, die sich bis heute, wo man aus der Jagd einen Sport gemacht hat (daher der Name „Jagdsport"), erhalten haben. Viele Jagdhundrassen sind ihren natürlichen Fähigkeiten entfremdet und aus Wald und Flur in die Wohnung plaziert worden und führen dort das bequemere Leben eines Haus- oder Wohnungshundes.

Apropos Jagdsport: „Gell Cäsar, sportlich warn mir heit!"

a) Laufhunde

Selbstverständlich laufen sie alle, aber diese besonders schnell und viel, manchmal bis zu hundert Kilometern an einem Tag. Zu mehreren Hunden (Meute) rennen sie laut bellend der Spur eines <u>Fuchses</u> oder <u>Hasen</u> nach (Spurlaut), bis sie ihn finden. Nun werden Sie vielleicht denken, daß der Jäger des Sports wegen neben dem Hund herjoggt. Völlig falsch! Er steht ganz locker und wartet, bis ihm der Hase vor die Flinte getrieben wird, und dann – peng! – knallt er ihn ab.

<u>Der Foxhound</u> kann einer Fährte über 50 km weit folgen. Er verfolgt eine Spur länger als acht Stunden. Natürlich verfolgt der Foxhound nicht nur Füchse, sondern auch Hasen.

Da der Foxhound zum Jagen in der Meute gezüchtet wurde, ist er <u>als Haushund ungeeignet</u>, es sei denn, man akzeptiert gleichzeitig die ständige Anwesenheit von zehn bis zwölf Artgenossen.

Der Dalmatiner ist eine jugoslawische Rasse. Ob er jedoch aus Dalmatien kommt, läßt sich nicht feststellen. Er ist ein eleganter Begleit- und Haushund, der zur Jagd nicht mehr verwendet wird.

Eines ist klar: Er wird auf jeder Rassehund-Ausstellung die meisten Punkte haben!

„Irgendwie irritiert er mich vor der neuen Tapete!"

Natürlich sollten Sie, bevor Sie richtig zur Jagd gehen, erst einmal tüchtig zu Hause üben, auch wenn Ihr Jagdhund mißtrauisch guckt.

Waidmann's Heil!

Aus dem Fotoalbum:
Trockenübung mit Beagle

...und dann bat der Fotograf Familie Hirsch,

auf ihrem Sofa unter den schönen Trophäen Platz zu nehmen.

Gruppenbild mit <u>Basset</u>

b) Schweißhunde

Diese Hunde haben weder einen ausgeprägten Körpergeruch noch Schweißfüße. Sie dienen zum Auffinden angeschossenen Wildes (auf der Schweißfährte), aber auch als Leithund zum Bestätigen von vermutetem Wild (auf der gesunden Fährte). Der Jäger führt sie an einer langen Leine. Im Gebirge arbeiten sie auch frei.

Auch wenn du deinen Schweißhund über alles liebst, könntest du mal ein Bad nehmen, Karl-Friedrich!

Der Bayerische Gebirgsschweißhund ist besonders geeignet für die Jagd im Gebirge. Er sucht hetzend und bellend krankes Wild. Er arbeitet auch ohne Leine, wenn die Bodenverhältnisse es zulassen.

Wie wär's mit einem Nachtisch, Bloody Mary?

Der Bluthund wurde von den Engländern zur Hirschjagd gezüchtet. Er ist sozusagen ein Hund aus edelstem Blute. Von allen Jagdhunden besitzt er die beste Nase und kann selbst noch eine Spur aufnehmen, die eine Woche alt ist.

c) Vorsteh- und Apportierhunde

Mit ihrem Vorsteher oder gar dem Vorstand in Ihrer Firma haben diese Hunde nichts gemein. Sie zeigen viel mehr bei der Suche nach Rebhühnern und Fasanen durch plötzliches Anhalten das gefundene Wild an.

Die Apportierhunde bringen dem Jäger das geschossene Wild. Das sehen wir am Namen des Retriever, der im Englischen klar als Zurückbringer bezeichnet wird (to retrieve = zurückbringen).

Der Pointer ist der größte Spezialist im Vorstehen. Seine Vorfahren sind die weißbunten Jagdhunde Südeuropas. Die Engländer gaben diesem Hund seinen Namen (to point = hindeuten).

Immer muß ich zurückstehen, und nun auch noch dieser Vorstehhund!

Der Deutsch-Kurzhaar ist der am meisten verbreitete Vorstehhund. Er besitzt alle guten Eigenschaften des Vorstehens.

Diagnostiziere: Jagdfieber mit Herzjagen, Herr Förster.

d) Stöberhunde

Diese Hunde stöbern nicht mit Frauchen durch Boutiquen und Antiquitätenläden, sondern im dichten Wald und in Hecken nach Sauen und Niederwild und treiben es zum Abschuß heraus. Ihre langen Haare sind ein guter Schutz im Dorngestrüpp.

Der Cockerspaniel hat vielfach das Leben eines Jagdhundes gegen das eines Luxushundes eingetauscht. Er ist von allen sieben Spanielrassen bei uns am besten bekannt. Einmal auf der Jagd, brechen die alten Instinkte voll bei ihm durch.

Cocktail-Spanier mit Cockerspaniel

e) Erdhunde

Wie wir dem Namen entnehmen können, arbeiten diese Hunde „unter Tage". Und da wir einen Bernhardiner wohl kaum in einen Kaninchenbau zwängen können, haben die Erdhunde eine äußerst geringe Schulterhöhe. Die Jagd auf Fuchs, Dachs und anderes Raubwild ist ihre Hauptaufgabe, aber auch bei Schweiß- und Stöberarbeiten können sie Gutes leisten.

Der Langhaardackel ist der Schönste unter den Dackeln. Er wurde durch Einkreuzen von Wachtelhund und Spaniel gewonnen und entwickelte sich im Laufe der Jahre zu einem der beliebtesten Hunde.

E) Windhunde

„Mach nicht so'n Wind, Hund!" Nun hören Sie mal, das haben diese Hunde wirklich nicht nötig. Immerhin gehören sie einer edlen, sehr alten Rasse an, und im Orient war einer dieser Hunde teurer als mehrere Frauen. Sie werden zur Wildhetze verwendet. Im Gegensatz zu den Laufhunden jagen sie nicht mit der Nase (auf der Spur), sondern nur beim Anblick von Wild (auf Sicht). Wenn Sie sich einen von diesen langbeinigen, feingliedrigen Gesellen halten wollen, brauchen Sie schon einen enorm langen Flur in Ihrer Wohnung. Am besten, Sie mieten gleich eine Rennbahn und gehen an den Start. Sie sollten sich nicht wundern, wenn er Sie auf Ihrem Moped weit hinter sich läßt, und wenn Ihre Frau einmal laut „Du Windhund!" schreit, können Sie von der Gewißheit ausgehen, daß immer der Hund gemeint ist.

Der Afghane entstammt einer 2000 Jahre alten Rasse. Eine Sage verkündet, daß Noah ihn mit zur Erhaltung der Art in die Arche nahm. In seinem Stammland Afghanistan dient er sowohl als Jagd- (Gazellenjagd), wie auch als Hirtenhund. Eine 450-Meter-Bahn absolviert er in 35 Sekunden.

Sein prächtiges Haar bedarf ausdauernder Pflege. Am besten benutzt man dazu einen grobzinkigen Kamm und eine Bürste.

„Oh, JANE! Du?"

... und dann das!

Der Barsoi war der Lieblingshund des Großfürsten Nikolai Nikolajewitsch. Er wurde im zaristischen Rußland in Meuten für die Wolfsjagd eingesetzt. „Barsoi", eigentlich eine Sammelbezeichnung für Windhunde aller Art bedeutet

„schnell".

„Bist du wirklich sicher, daß er ständig Wind braucht?"

Der Greyhound ist der beliebteste Sportler auf englischen Hunderennbahnen. Man munkelt von Spitzengeschwindigkeiten zwischen 90 und 100 Stundenkilometern.

„Wer hat den eigentlich zugelassen?"

„Jeder, der schneller ist als wir, ist gedopt", sagte Sprinter Harry Hurtig zu seinem Whippet.

Der Whippet ist das verkleinerte Abbild eines Greyhounds. Er ist sozusagen „die Züchtung des kleinen Mannes" und eine hervorragende Rennmaschine.

Der Irische Wolfshund wurde in seiner Heimat ehemals zur Bären- und Wolfsjagd eingesetzt. Mit einer Schulterhöhe von 90 cm ist er unter seinen Artgenossen

„der Riese!"

„Platz, Bienchen, sitz! Brav."

F) Schoß- oder Kleinhunde

Schoß- oder Kleinhunde sind diese winzigen Vierbeiner, die sich in der Straßenbahn, im Bus oder im Zug ständig auf dem Schoß Ihrer Nachbarin herumräkeln. Sie dürfen kaum laufen, und wenn sie dazu noch überfüttert werden, sehen sie einem Pelzmuff (Handwärmer) nicht unähnlich. Oftmals tragen sie Diamanten oder Glitzersteine am Halsband und Schleifchen im Haar, und man muß höllisch aufpassen, sie nicht mit einem dieser schicken Opernhandtäschchen zu verwechseln. Im Gegensatz zu Zwerghunden, die durch „Verzwergung" einer Großrasse entstanden sind, ist das eine eigene Gruppe von kleinen Hunden. Ihre Schulterhöhe reicht bis zu 30 cm. Wenn Sie nicht unbedingt darauf bestehen, brauchen diese Hunde nicht mehr Luxus als andere auch.

Der Brüsseler Griffon ist eine kurzschnauzige, rauhhaarige Sonderform der Schnauzer-Pinscher-Sippe. Seine Rute wird stets, seine Hängeohren oft kupiert.

Dieser Kleinhund hat einen fast menschlich anmutenden Gesichtsausdruck und einen kräftigen Bart.

Man muß nur sein Selbstbewußtsein stärken, dann wird das ein ganz scharfer Hund.

Der Papillon (Schmetterling) wird wegen seiner flatternden Ohren so genannt. Er war am französischen Königshof sehr beliebt. In den Wirren der Revolution verschlug es dieses Schmetterlingshündchen in die Fremde. Im Gebiet des heutigen Belgien fand es eine neue Heimat.
Der Papillon ist ein hochläufiger, langhaariger Kleinhund mit einer Schulterhöhe von 20 bis 25 cm.

„Wer ‚Papillon' heißt, muß auch fliegen können!"

Der Pekinese wird auch „der Löwe im Kleinformat" genannt. Wie sein Name schon sagt, lebte dieser Hund vor 1500 Jahren in China als Wachhund im Palast des Kaisers. Er galt als heilig und hatte eigene Wachen und Diener.
Erst ab 1860 wurde er in der gesamten Welt verbreitet.

„Ob sich unser Kung Fu jetzt wohler fühlt?"

Der Chinesische Nackthund ist eine echte Kuriosität: Nur an Kopf, Rutenende oder an den Fußgelenken wachsen ein paar Haarbüschel, sonst ist dieser Hund

vollkommen nackt.

Außer in China gibt es die Nackthunde auch noch in Mexiko und in afrikanischen Gebieten.

„Er nimmt seine Mitgliedschaft im FKK-Club ernst. Nun hat er auch noch einen Nackthund."

Der Mops bekam seinen Namen wegen des grämlichen Gesichtsausdrucks. "Moppen" bedeutet auf "holländisch "mürrisch dreinschauen", und "to mope" bedeutet auf englisch "sich langweilen."
Im Biedermeier wurde er zum bürgerlichen Symbol (wie heute der Pudel). Seine einzige Aufgabe bestand darin, Zuckerzeug zu fressen, viel zu schlafen und fett zu werden.
"Immer heiter, immer froh, wie der Mops im Paletot."
Dieser Spruch stammt aus der Zeit, als man kleine Möpse noch im Mantel mit sich trug.
Wenn er nicht überfüttert wird, ist er "mopsfidel."

In der obigen Abbildung sehen Sie einen __Rollmops__.

Sie müssen wissen, das Wohlbefinden meines Hündchens liegt mir wirklich am __Herzen__!

Der __Malteser__ stellt die älteste Zwerghundform Europas dar. Auf der dalmatinischen Insel Melitaea oder Melida hielt man diese Hündchen schon zur Zeit des Aristoteles.
Seit Jahrhunderten ist er __ein bevorzugter Hund der Damen__.

III. Mensch und Hund – eine Lebensgemeinschaft

A. Wie kommt man auf den Hund?

Beispiel 1)

Ein dreckiger, verlauster Hafen- oder Straßenköter zwickt Sie in die Bügelfalte und trottet hinter Ihnen her, als ob er Sie jahrelang kennt. Da hilft auch kein „Pfui Bello, geh weg!". Nein, Sie werden die weiteren zwölf Jahre mit ihm zusammenleben müssen, weil er Sie absolut <u>gut riechen kann</u>.

Beispiel 2)

Ihr Töchterchen hat auf der Straße so ein kleines, mikkriges, häßliches Viech aufgelesen. Wer würde schon einem kleinen heulenden Mädchen einen Wunsch abschlagen, auch wenn aus dem Hündchen ein Riesenköter wird?

Beispiel 3)

In einer Tierhandlung leckt so ein süßes Wollknäuel die Fensterscheiben blank, und da es Frühjahr wird und bei Ihnen daheim der Fensterputz ansteht, nehmen Sie es gleich mit. Natürlich sollten Sie auf den ordnungsgemäßen Papieren bestehen.

Beispiel 4)

Der beste Weg führt ganz sicher zum offiziell anerkannten Züchter. Der weiß, wie seine Welpen auszusehen haben und ob sie bei guter Gesundheit sind und dieses blitzende Gebiß besitzen, mit dem sie so herzhaft zupacken können.

a) Wer kann sich einen Hund halten?

Wenn Sie sich einen Hund halten wollen, kommt es nicht nur auf das nötige Kleingeld, sondern vor allem auf Ihre charakterlichen Eigenschaften an. Sollten Sie kleine Störungen oder gar tiefersitzende psychische Schwierigkeiten haben, wäre unbedingt eine Therapie vonnöten, denn all die unangenehmen Eigenschaften übertragen sich auf Ihren bellenden Gefährten. Nervosität mit ihren widerlichen Begleiterscheinungen macht Ihren Hund zu einem scheuen, verstörten Wesen.

Also: Wenn Sie all Ihre Mängel abgelegt haben und ein selbstbewußter, gütiger und gesunder Mensch geworden sind, der nie in Eile ist, über Geduld, eine Menge Zeit und die entsprechenden Räumlichkeiten verfügt, sollte Sie niemand davon abhalten, sich an einen schwanzwedelnden, treuen Begleiter zu binden.

„Mein Gott, bist du wieder depressiv heute! Wie soll denn das auf den Hund wirken, Franz?"

DAS WER-MIT-WEM-SPIELCHEN
DER EINZIG ABSOLUTE TEST, DEN RICHTIGEN GEFÄHRTEN ZU FINDEN ✱✱✱✱✱✱✱✱✱

Hier sehen Sie 5 verschiedene Hunderassen. Ordnen Sie jedem Hund den richtigen Partner zu!

Nach einiger Übung werden Sie die Aufgabe spielend lösen!

b) Auswahl der Rasse

Ihr Alter und Temperament spielt bei der Auswahl der Rasse eine wesentliche Rolle. Sollten Sie ein derber, ungehobelter Grobklotz sein, wäre von einem sensiblen, leicht verletzbaren Zwerghündchen dringendst abzuraten. Ein fußfauler, unsportlicher Sesselsitzer würde einen Jagd- oder Windhund, der längere und flotte Spaziergänge braucht, schon arg vergrämen. Und als Kleingärtner bitte keinen Terrier, der wühlt zwar Ihr Gemüsebeet um, aber immer an Stellen, wo Sie es als völlig unpassend empfinden.
Ein großer Hund braucht mindestens eine Fabriketage und keine Mansardenwohnung, und ein langhaariger Hund braucht einen Kamm und viel Pflege. Sie sehen schon, daß Sie am besten eine Liste aufstellen, auf der Sie alle Rassen wegstreichen, die sich nicht Ihrer Lebensführung anpassen wollen.

c) Die Wahl eines Welpen

Nun gut, Sie wollen es nicht anders!
Sie gehen also zum Züchter, schauen sich die wieselnden, pelzigen Wesen an und wählen genau den, der Ihnen kräftig in den Finger beißt. Falsch, ein wenig Hundeverstand brauchen Sie schon! Ein vernünftiger Mensch braucht einen Hund, der nicht zu frech und nicht zu schüchtern ist, sondern so selbst- und pflichtbewußt, munter, anpassungsfähig und ordnungsliebend, wie Sie selbst es sind. Und wie bei allen Entscheidungen dieser Art, sollte man nicht vergessen, die Eltern zu begutachten. Schließlich will man doch wissen, wo jemand herkommt!
Wenn Sie ihn nun auf Herz und Nieren geprüft, den Abstammungsnachweis und die ärztliche Bescheinigung über die erfolgten Impfungen eingesteckt und sich vergewissert haben, daß Ihr Liebling entwurmt ist, können Sie ihn getrost nach Hause fahren! Vorsicht, rasen Sie nicht so ruckartig und rücksichtslos wie immer, sonst wird unser junger Freund Ihre schicken neuen Polster verunreinigen. Ob der kleine Kerl nun später wie die Mutter oder wie der Vater ausschaut, läßt sich nicht mit absoluter Gewißheit voraussagen. Sicherlich ähnelt er ausgerechnet dem Onkel mit den häßlich abstehenden Ohren. Was macht's, Sie werden sich daran gewöhnen!
So wird sich wohl auch die Frage, ob Weibchen oder Männchen aufgrund Ihrer emanzipatorischen Gesinnung völlig erübrigen.

„Rate mal, was ich zum Geburtstag möchte. Es fängt mit H an und endet mit D."

Aus dem Fotoalbum: Ernst und Anneliese mit frisch erworbenem Welpen.

„Ich weiß nicht, Liebling – wäre ein Baby nicht doch besser gewesen?"

Zwei der wichtigsten Gründe, einen jungen Hund zu kaufen:

1.) Kinder lieben Hunde!

2.) Hunde haben Kinder zum Fressen gern!

d) Die ersten 24 Stunden im neuen Heim

Je früher am Tag wir unseren Liebling beim Züchter abholen, um so mehr Zeit hat er, seinen Eltern und Geschwistern nachzuweinen und sich an seine neue, scheußliche Umgebung zu gewöhnen. Damit er nicht gar so niedergeschlagen ist, machen wir mit ihm einen Rundgang durch die Wohnung, wobei wir ihm klipp- und klarmachen, wer hier der „Herr im Haus" ist. Diese Aussichten werden ihn noch mehr betrüben, und er wird sich unter der Couch verstecken, und nur der Wunsch nach diesem saftigen Kalbsknochen wird ihn aus seinem Versteck hervorlocken. Versteht er nun immer noch nicht, wer der „Chef vom Ganzen" ist, nehmen wir ihn einfach auf den Arm, was bei dem Gewicht einer Dogge garantiert einen Leistenbruch verursacht. Da er sich trotz freundlicher Aufforderung sicherlich weigern wird, die Toilette zu benutzen, laufen wir mit einer Flasche Desinfektionsmittel hinter ihm her, um die Spuren seiner „schmutzigen Geschäfte" zu verwittern und zu vermeiden, daß er aus unserer Wohnung eine öffentliche Bedürfnisanstalt macht.

Zum Schlafen legen wir dem Kleinen ein mitgebrachtes Spielzeug oder einen Fetzen Stoff aus der Wurfkiste ins Bettchen und decken ihn warm zu. Ein völlig verschwitztes Unterhemd wird ihm den Eindruck vermitteln, daß wir bei ihm sind, und ein gleichmäßiges Tikken, nicht von einer kleinen Zeitbombe, sondern von unserem Wecker unter seinem Kopfkissen, nimmt ihm die Angst vor dem Alleinsein.

„Hunde sind Nasentiere, Liebling! Ich habe ihm meine Parfums, Deodorants und das Intim-Spray dazugelegt, damit er sich gleich an Frauchen gewöhnt."

B. Erziehung und Abrichtung

a) Der Hund – das unbekannte Wesen

Da der Hund außer Bellen, Jaulen und Winseln nicht reden kann und dementsprechend wohl kaum einen geschliffenen Vortrag über die Psyche des Hundes halten wird, sollten Sie als Anfänger einige Bücher über Hundepsychologie verschlingen, um tiefer in das Wesen Ihres Freundes eindringen zu können.

Schlechte Laune, die aus Ärger mit Ihren Mitmenschen entsteht, sollten Sie nicht an ihm auslassen, denn Trotz, Hinterhältigkeit, Verstocktheit, Arroganz oder gar Machtbesessenheit sind menschliche Eigenschaften, die Ihrem Hund völlig fremd sind. Stetige Ausgeglichenheit ist eine unbedingte Voraussetzung, denn „wie man in den Hund hineinruft, so bellt es heraus".

Da das Tier nicht sprechen kann und Ihre stundenlangen Erläuterungen noch schlechter versteht als Ihre Bekannten, sollten Sie sich kurze, knappe Befehle, wie „Sitz", „Hopp", oder „Faß" angewöhnen. Bitte diese Befehlsform nur bei Ihrem Hund anwenden! Ihr Partner wird auf solche Töne höchst verärgert reagieren.

Diese kurzen Befehlsworte nennt man <u>Hörzeichen</u>, die im besonderen Fall noch durch <u>Sichtzeichen</u>, das sind schwungvoll exakte Hand- oder Armbewegungen, die Ihre Worte unterstützen und ihnen den nötigen Schneid geben sollen, ergänzt werden.

Sie werden sehen, in kürzester Zeit haben Sie Ihren Wortschatz auf einige wenige, immer gleichbleibende Befehlsformen verringert, und Ihr Hund wird Sie ausgezeichnet verstehen. War Ihr Freund trotzdem einmal nicht folgsam, wird er gleich energisch gerügt. Es ist sinnlos, nachtragend zu sein oder gar mit ihm zu schmollen. Und nun noch eine wichtige Verhaltensregel: Alles, was Ihnen angenehm ist, verbinden Sie für Ihren Hund mit Angenehmem, und alles Unangenehme wird für den Hund mit unangenehmen Erfahrungen verknüpft, denn wie heißt es doch so schön in einem Sprichwort: „Gebrannter Hund scheut die Bratröhre!"

Beginnen Sie früh genug mit der Erziehung, denn „was Hündchen spielend lernt, lernt Hund nur noch mühsam".

„Warum kann er um Himmelswillen nicht so sein wie andere Hunde?"

b) Lob und Tadel

Loben Sie Ihren Hund, wenn er es verdient, und schimpfen Sie mit ihm, wenn er nicht gehorcht, wobei das Lob wichtiger ist als die Strafe. Verwenden Sie für Lob und Tadel immer die gleichen Worte, z. B. für Lob „brav!" oder „gut!" und für den Tadel „pfui!" oder „nein!" Lassen Sie sich nicht in eine Schlägerei mit Ihrem Hund verwickeln. Wer seinen Hund schlägt, wird einen verschlagenen Hund haben. Hat er sich wirklich mal danebenbenommen, geben Sie ihm einen Klaps mit einer zusammengerollten Zeitung. Illustrierte, Bücher oder Atlanten sind ungeeignet.

Das klatschende Geräusch der Zeitung ist ihm zuwider, und er wird ungemein beleidigt und sauer sein. Die Strafe sollte unmittelbar der Tat folgen, sonst versteht der Hund keinerlei Zusammenhänge. Also: Hat Ihr Hund Ihnen ein Ohr abgebissen, versuchen Sie ihn nicht noch nach einem Jahr zu beschimpfen, weil Ihnen der Hut jetzt immer so schräg auf dem Kopf sitzt.

Lob und Tadel sollten ausgeglichen sein. Zu sehr verwöhnen sollten Sie Ihren Freund nicht, doch ein andauerndes Pfui-Rufen ist auch wirkungslos.

Apropos Lob:

„Ich habe ihm den ‚Lobgesang für den Hund' eingelegt. Jetzt ist er völlig happy!"

Auf jeden Fall sollten Sie darauf achten, Lob und Tadel gleichmäßig zu verteilen.

c) Wie sage ich es meinem Hund?

Ihre Befehle sollten stets klar und deutlich sein, aber bitte in Zimmerlautstärke! Ihr Hund hört 16mal so scharf wie Sie selbst. Also, wenn Sie befehlen, sollte Ihr Tonfall unabänderlich wie in einem Western-Film sein. Das Lob hingegen sollte in hoher, piepsender Tonlage hervorgestoßen werden, so, wie wenn Tante Lizzi die Qualität ihrer neuen Gardinen preist.

Die Hündin selbst lobt ihre Welpen auch in hohen Fieptönen und verwarnt sie mit tiefem Knurren. Besonders liebevoll ist sie zu ihnen, wenn sie die Jungen leckt, aber davon würden wir abraten.

d) Wie nehme ich meinen jungen Hund auf den Arm?

Gehen wir von der Tatsache aus, daß wir nicht Sie, sondern daß Sie Ihren jungen Hund auf den Arm nehmen. Selbst das Hochheben will gelernt sein, wenn Sie Ihrem Welpen nicht das Rückgrat verstauchen wollen, wie untenstehende Abbildungen deutlich erläutern.

a) falsch!   *b) auch nicht richtig!*   *c) völlig daneben!*

e) Ein Thema, um das wir nicht herumkommen

Eine ausgewogene Ernährung garantiert einen prächtigen Stuhlgang!

In der ersten Zeit wird Ihr junger Hund Häufchen um Häufchen und Pfützchen um Pfützchen in Ihrer Wohnung verbreiten. Das macht nichts, deutet es doch auf einen intakten Stuhlgang und eine gute Verdauung hin. Spätestens wenn Sie sich wie in einer öffentlichen Bedürfnisanstalt fühlen, sollten Sie Ihren Kleinen zur Stubenreinheit erziehen.

Dazu benötigen Sie eine Zeitung, ein flinkes Auge und ein ausgeprägtes Reaktionsvermögen. Macht Ihr Liebling Anstalten, sein Geschäft zu erledigen, plazieren Sie ihn schleunigst mitten auf Ihre Tageslektüre, die immer an der gleichen Stelle liegen sollte. Sind Sie wieder zu spät gekommen und hat er sich ein weit gemütlicheres Plätzchen ausgesucht, nehmen Sie ihn hoch, schimpfen ihn aus und befördern ihn auf die Zeitung zurück. Jegliche Gewaltmethoden sind unangebracht. Nach ungefähr zwei Wochen wird Ihr Hundchen ganz von selbst gehen und gute und schlechte Nachrichten bedecken. Dann sollten Sie ihn so gewaltig loben, daß er es nie wieder vergißt. Nach fünf Monaten ist Ihr Hund alt genug, sein Geschäft auf der Straße zu erledigen. Natürlich können Sie auch früher damit beginnen, wenn Sie zwanzigmal am Tag vom zehnten Stock auf die Straße herunterflitzen wollen.

Den Hund an die Straße zu gewöhnen, ist wesentlich einfacher. Er schnuppert, wo seine Artgenossen gewesen sind und was sie getan haben und macht genau das gleiche, möglichst mitten auf den Bürgersteig, was wiederum die Gangart einiger Passanten beim Hineintreten enorm beschleunigt.

Ernst beiseite – guter Wille und konsequente Erziehungsmethoden können Häufchen (in Großstädten jeden Tag gleich tonnenweise) in den Rinnstein und an andere geeignetere Orte versetzen. Wenn Ihr Liebling es erst einmal begriffen hat, wird er vielleicht immer an ein bestimmtes Örtchen gehen – oder auch nicht. Vorsicht, Hundesch......!!!

Berlin, den 9.5.1984

<u>*Der tägliche Slalom…*</u>

<u>*… und die Folgen:*</u>

Warum schaut der Großstadtmensch mit einem Auge geradeaus und mit dem anderen senkrecht auf den Bürgersteig?

Mit dem einen Auge orientiert er sich in der Stadtlandschaft, und mit dem anderen ortet er die zahlreichen Hundehäuflein und versucht, ihnen auszuweichen.

„Ist ja prima, daß er einen Stammplatz hat, wo er sein Geschäftchen erledigt, aber muß das unbedingt immer an meinem Hosenbein sein?"

Problem:

Täter auf frischer Tat

Problemlösung:

Nach Schaufel- und Tütenzwang

„Wat heißt denn hier ‚Gassi gehen', spätestens bei 60 Stundenkilometern fängt er an, uns zu überholen, Erna!"

f) An Halsband und Leine

Im Alter von drei bis sechs Monaten verpassen Sie Ihrem Struppi ein Halsband. Er wird das genau so scheußlich und einengend finden, wie Sie Ihre Krawatte, aber an was gewöhnt man sich nicht alles. Sehen Sie, genau das macht Ihr Hund auch! Und damit Sie ihn nicht permanent im Verkehrsgewühl suchen müssen, bekommt er zu seinem Unglück noch eine Leine dazu. Er muß „leinenführig" werden.

Er wird sich sträuben und heftig an der Leine zerren – wer will schon angebunden herumlaufen?
Also, seien Sie nett zu ihm und loben ihn ausgiebig, auch wenn Sie im Zweifel sind, wer hier wen führt. Mit viel Geduld geht es nach und nach voran, vor allem, wenn er kapiert hat, daß es an der Leine auf die Straße geht. Übrigens sollte Ihr Struppi immer links gehen!

„Nee, Frau Butzke, ich habe absolut kein Verständnis für Ihren Moppi und seine automatische Laufleine!"

g) Der Umgang mit Fremden

Sagen Sie Ihrem Hund, mit wem er geht, damit er weiß, wie er zu sein hat und nicht gleich jedem schwanzwedelnd hinterhertrottet, der ihm auf der Straße ein Kompliment nachwirft. Schließlich wollen Sie keinen Hund, der selbst dem Gerichtsvollzieher freudestrahlend um den Hals fällt. Dieses Hochspringen an Fremden mit hellen Sommeranzügen bringt nichts als Ärger. Also machen Sie Ihrem Liebling eindeutig klar, daß Gefühl für Fremde nicht lohnt.

Sollte er es immer noch nicht kapieren, treten Sie ihm ganz sanft und bestimmt beim Hochspringen auf die Hinterpfoten. Das wirkt mehr als gute Worte. Natürlich wollen Sie ebensowenig einen Hund, der Fremde, die nicht zur Familie gehören, als Beute betrachtet und sie Ihnen zähnefletschend vor die Füße legt. Dann kommt der Postbote garantiert nicht mehr.
Ihr Hund sollte Fremden gegenüber höflich, reserviert und mißtrauisch sein, aber nicht bösartig!

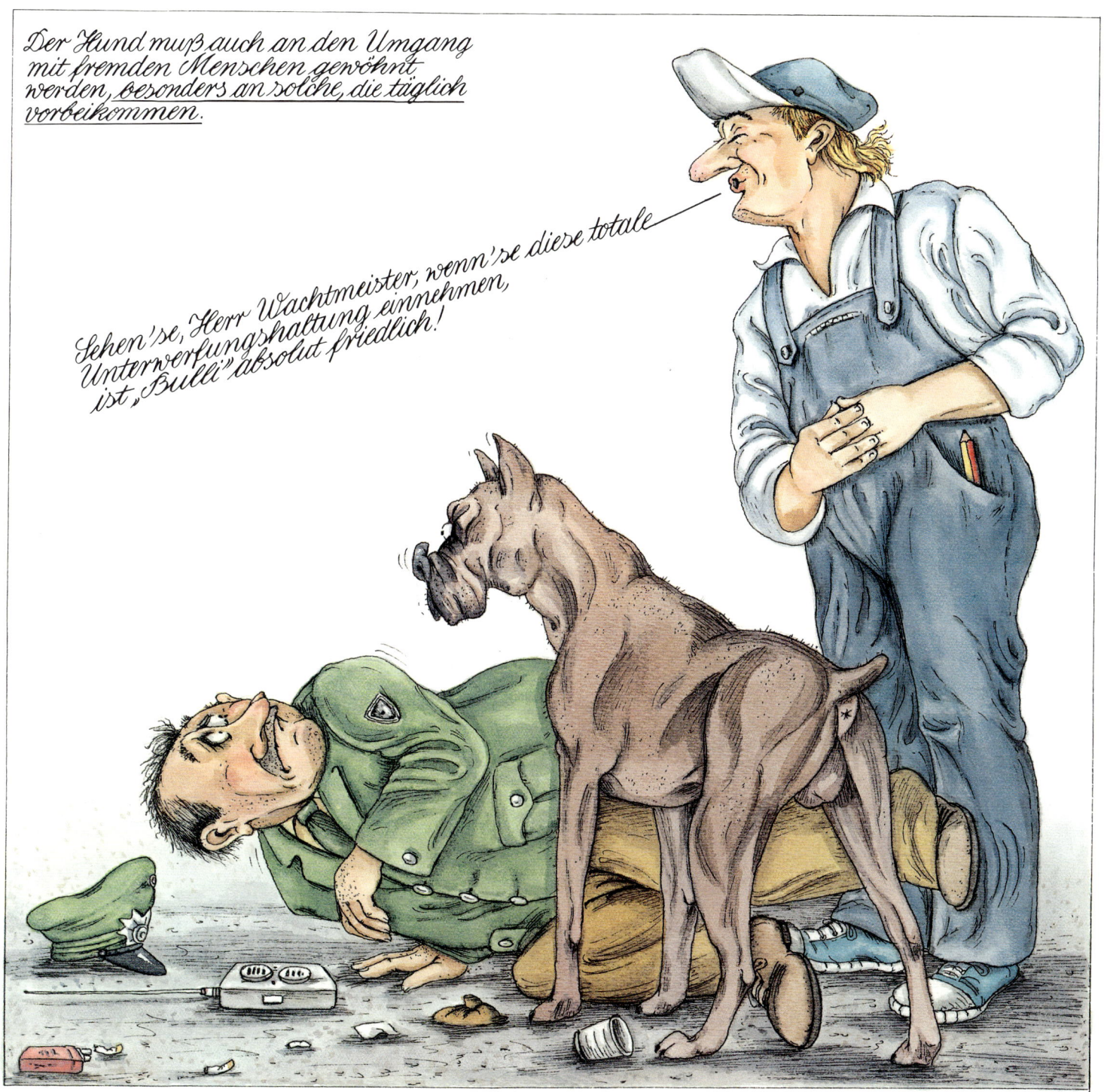

Der Hund muß auch an den Umgang mit fremden Menschen gewöhnt werden, besonders an solche, die täglich vorbeikommen.

Sehen'se, Herr Wachtmeister, wenn'se diese totale Unterwerfungshaltung einnehmen, ist „Bulli" absolut friedlich!

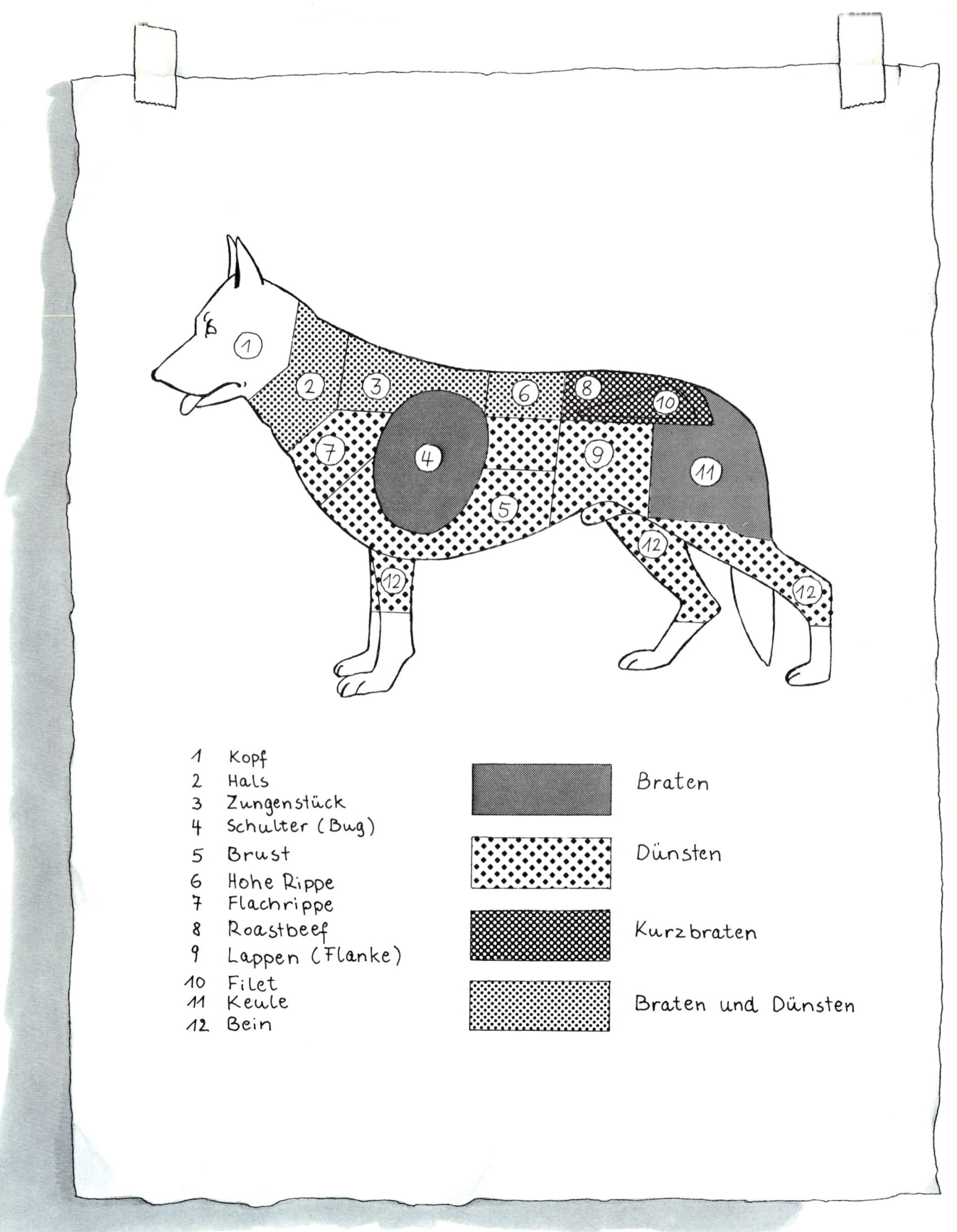

„Jetzt reicht's aber", rief Metzgermeister Schulte und klebte obigen Aushang in's Schaufenster, nachdem ihn Winkelmeiers Hasso zum 7. Mal gebissen hatte.

h) Der Stammplatz

Hat Ihr Hund erst einmal entdeckt, wie hart und unbequem sein Lager und wie weich und wohlig Ihr Sessel ist, wird er es sich nicht nehmen lassen, Ihren Stammplatz zu seinem eigenen zu machen. Nun gut, Sie können versuchen, ihn mit einem ferngezündeten Knallfrosch oder ähnlichen hundselenden Erfindungen zu erschrecken, es wird nichts nützen. Mit seinem hundsgemeinen Instinkt für Eigentum wird nichts auf der Welt ihn dazu bewegen, dieses kuschelige Plätzchen zu verlassen.

Kurzum, Sie suchen sich am besten gleich einen neuen Stammplatz.

„Ich weiß ja, daß du dir so viel Mühe mit seiner Hütte gemacht hast, aber er sitzt nun mal lieber auf deinem Sessel, Otto!"

i) Hund und Reisen

Viele Hunde sind ausgesprochene Autonarren. Das ist gut so, denn sonst kann Oma nie an den schönen Wochenendausflügen teilnehmen. Wer sonst würde schon auf Struppi zu Hause aufpassen?
Anderen Hunden wiederum wird es im Auto, Zug, Flugzeug oder auf dem Schiff hundsübel. Diese bemitleidenswerten Passagiere bekommen ein Mittel gegen Reisekrankheit, das der Tierarzt verschreibt. Wer seinen Liebling ans Autofahren gewöhnen will, sollte weder ruckartig anfahren, noch übertrieben bremsen und wie ein Rennfahrer in die Kurven gehen. Bei längeren Autofahrten dürfen Sie das Reisegepäck und eine kleine Apotheke für Ihren Hund nicht vergessen. Ein Medikament gegen Durchfall (des Hundes) ist unerläßlich! Füttern Sie Ihren Liebling vor und während der Fahrt nicht, aber bitte nicht verdursten lassen! Ihr Hund sollte niemals im Auto warten, wenn Ihr Wagen in der prallen Sonne parkt, sonst haben Sie bei Ihrer Rückkehr einen „heißen Hund". Steht Ihr Auto im Schatten und haben Sie das Fenster einen Spalt geöffnet und Struppi nicht angeleint (er könnte sich sonst strangulieren), wird er die Aufgabe der Gepäcküberwachung stolz übernehmen.
Kleine Hunde werden gern vorn, große besser hinten Platz nehmen.
Sollten Sie aber unbedingt mit Ihrem Liebling einen Trip auf die Bahamas machen wollen, dann packen Sie flink seinen Impfpaß und die Bescheinigung, daß er gegen Tollwut geimpft ist, ein. Am besten, Sie erkundigen sich vorher beim Konsulat des betreffenden Landes, ob für Hunde eine Quarantäne besteht. Jedes Land hat andere Einreisebedingungen für Hunde. Im Zug muß Struppi im Gepäckwagen, im Flugzeug, in einen Käfig gesperrt, im Frachtraum mitreisen.

So – das ist Ihnen alles viel zu anstrengend und umständlich? Dann achten Sie gefälligst darauf, daß Ihr Hund während Ihrer Abwesenheit eine gute Unterbringung und Verpflegung hat, sonst wird er Ihnen garantiert nachtrampen!

„Oh Mann, Hannibal, von Castrop-Rauxel bis Teneriffa, und dann auch noch 'ne vier Wochen alte Zeitung!"

Sicher ist sicher!

j) Die sieben Gebote

Nach einem Jahr ist Ihr Hund dem Babyalter entwachsen und kommt in die Flegelzeit, also möchte er unbedingt sein erwachendes Selbstbewußtsein ausprobieren. Daher ist es jetzt an der Zeit, ihn energisch zu schulen, und zwar jeden Tag, aber nicht länger als 15 Minuten.

1. Gebot

Das erste Gebot lautet schlicht und einfach "Sitz!" Der Hund muß diesen Befehl absolut befolgen, weil er sonst im unübersichtlichen Großstadtverkehr nicht besonders alt wird.

Sie plazieren den Hund an Ihrer linken Seite und ziehen mit der rechten Hand die Leine straff, währenddessen drücken Sie mit der Hand kräftig das Hinterteil Ihres Lieblings herunter. Bleibt der Hund sitzen, halten Sie ihn weiterhin fest und loben ihn ganz überschwenglich.

Irgendwann wird er diese Lektion kapiert haben, und Sie können alle Hilfsmittel fortlassen. Damit Bello nun nicht stundenlang sitzen bleibt, beenden Sie die Übung mit dem Kommando „Hoch, Bello!" oder „Aus, Bello!"

2. Gebot

Das zweite Gebot lautet „Bei Fuß!" Sie nehmen den Hund an Ihre linke Seite und marschieren mit dem Kommando „Bello, bei Fuß!" los. Am besten gehen Sie an einer Mauer entlang, damit Ihr Hund nicht nach links ausbüchsen kann.

Sie nehmen ihn also zwischen Ihrem linken Bein und der Mauer „in die Zange". Nach vorn oder hinten kann er schlecht ausbrechen, da Sie ihn ja an der Leine führen. Sollte Bello keine Lust haben, hinterherzutrotten, ziehen Sie ihn vor, sollte er Sie überholen wollen, ziehen Sie ihn zurück. Bei jedem Ruck mit der Leine sagen Sie klar und bestimmt „Bei Fuß!" Bleiben Sie stehen, sagen Sie „Sitz!" Nach einiger Zeit wird Bello sich automatisch setzen, wenn Sie stehen bleiben, und eine Mauer benötigen Sie nun auch nicht mehr.

3. Gebot

Das dritte Gebot lautet "Komm!" – aber wer möchte schon immer gleich kommen, wenn er gerufen wird. Also besorgen Sie sich eine lange Leine und lassen Ihren Liebling an dieser ein Stück vorauslaufen, dann rufen Sie „Komm, Bello!" Kommt Bello nun noch nicht, rucken Sie kräftig an der Leine, das hilft. Zur Unterstützung des Befehls winken Sie ihn mit der rechten Hand her. Niemals sollten Sie dem Hund entgegengehen, weil ihm dann absolut nicht einleuchtet, warum er jetzt noch kommen soll. Funktioniert das Kommen mit Hilfe der Leine, lassen Sie ihn frei laufen. Natürlich wird er nun absolut kein Bedürfnis verspüren, Ihnen zu folgen. Also werfen Sie ihm eine Wurfkette an die Seite, bewegen sich von ihm weg und rufen noch einmal „Komm, Bello!" Da Ihr Hund kein dummer Hund ist, wird er es sicher schnell lernen.

Als Oma Hansen absolut nicht mehr mit ihrem Gefährten zusamenleben wollte:

„Komm, Ikarus, komm!"

4. Gebot

Das vierte Gebot lautet „Nicht anspringen!" Wie nur soll Ihr Liebling seine Wiedersehensfreude ausdrücken? Natürlich wird er sich bei Ihrem Anblick fast vor Freude überschlagen und Sie mit seinen verdreckten Pfoten anspringen. Da Sie wohl kaum Ihren hellen Übergangsmantel in die Reinigung bringen wollen, treten Sie ihm sanft, aber bestimmt auf die Hinterpfoten, wehren ihn mit der Hand ab und degradieren ihn mit einem eindeutigen „Pfui!" Natürlich gibt es feinfühligere Methoden, aber kaum wirksamere! Ihr Liebling mag diesen scheußlichen Druck auf den Hinterpfoten beim Anspringen absolut nicht leiden und wird bald diese überschwenglichen Begrüßungen einstellen.

Leg dich – bleib da, Fatima!

Pfui, Apollo, ich mag sie nicht, diese feuchten Begrüßungen!

5. Gebot

Das fünfte Gebot lautet „Leg dich!" Es ist wichtig, wenn Ihr Hund längere Zeit an einem Platz auf Sie warten soll. Sie lassen die Leine unter Ihrem Schuh durchlaufen und ziehen den Hund langsam herunter. Mit der anderen Hand machen Sie eine Bewegung nach unten und sagen „Leg dich!" Hat er diesen Befehl befolgt, halten Sie ihn mit der Leine am Boden fest und loben ihn ausgiebig.

Beim Fortgehen rufen Sie ihm „Leg dich – bleib da!" zu. Will er Ihnen trotzdem folgen, rufen Sie ihm ein scharfes „Pfui!" zu. Später setzen Sie die Übung ohne Leine fort, bis er diese Lektion völlig auswendig kann. Diese Übung macht Ihrem Liebling viel mehr Spaß, wenn er etwas bewachen kann, was Ihren Geruch trägt, z. B. Ihre Socken.

6. Gebot

Das sechste Gebot lautet „Laß aus!" und ermöglicht es Ihnen, Ihrem Liebling, wann immer Sie wollen, Dinge wegzunehmen, die ihm besonders am Herzen liegen (z. B. einen Kalbsknochen oder vergiftete Frikadellen). Sie lassen den Hund einen Gegenstand apportieren, beugen sich mit griffbereiter Hand zu ihm herab und sagen „Laß aus!" oder kürzer „Aus!" Will Bello nun unbedingt das erbeutete Handtäschen von Frau Schmitz behalten, und das leichte Anfassen unter der Schnauze hat auch nichts bewirkt, wenden Sie den berüchtigten Lefzengriff an. Sie fassen diesem Hund von oben über die Schnauze, drücken mit dem Finger seine Lippen gegen die Zähne und schütteln ihn so lange, bis er Frau Schmitzens demoliertes Täschchen fallen läßt, wobei Sie ihn so überschwenglich loben, als ob er seine Beute freiwillig hergegeben hätte. Üben Sie so lange, bis der Befehl perfekt verstanden und prompt ausgeführt wird.

7. Gebot

Das siebte Gebot lautet „Nimm!"
Auf Anhieb werden Sie den Sinn dieses Gebotes sicherlich nicht verstehen, denn Nehmen ist doch besser als Geben, oder?
In diesem Fall geht es darum, daß Bello nichts von Fremden nimmt oder sich gar mit einem saftigen Steak vom Tresor weglocken läßt, sondern daß er nur frißt, wenn Herrchen oder Frauchen es ihm mit dem Kommando „Nimm!" erlauben.
Sie halten Ihrem Hund also eine große Wurst vor die Nase und sagen gleichzeitig „Pfui!" Bello denkt, wieso denn „Pfui", ist doch lecker, und schnappt trotzdem zu. Gleich decken Sie den Leckerbissen mit der Hand ab und wiederholen Ihr „Pfui" so lange, bis er es wirklich kapiert hat. Um seine Standfestigkeit zu erproben, legen Sie einen Lockbissen aus. Sie führen den Hund daran vorbei und ziehen ihn energisch zurück, wenn er die Wurst lieber in der Schnauze als vor der Nase haben möchte. Hat er diese Tortur mehrmals durchgestanden, geben Sie ihm die gleiche Wurst, indem Sie „Nimm!" zu ihm sagen, und endlich darf der arme Hund die Wurst fressen. Er hat verstanden, daß er nur fressen darf, wenn Sie es ihm erlauben.

„Pfui, Struppi, bring sofort den Knochen zurück!"

C. Ernährung und Pflege

a) Vom Fressen und Trinken

Bedenken Sie stets, daß Ihr Fiffi ein <u>Raubtier</u> ist. Daher frißt und schlingt er so viel, wie eben nur möglich ist. Immerhin stammt er vom Wolf ab. Erschrecken Sie nicht, wenn er zu große Mengen oder ungeeignete Gegenstände wie übergroße Knochen, Schraubenzieher oder Plastikbecher ausspuckt. Er frißt die ausgewürgten, verwertbaren Speisereste schon wieder auf, wenn er Hunger hat. Darüber hinaus ist Ihr Liebling auch Rohköstler. Ihr Hund ist mindestens so unangenehm pedantisch wie Ihr Chef, darum sollten Sie ihm jeden Tag zur gleichen Stunde sein Menü servieren, und zwar im 24-Stunden-Abstand. Reste von Ihren eigenen Mahlzeiten sind für den Hund ungeeignet. Lassen Sie sich nicht vom Betteln Ihres jungen Hundes erweichen, sonst wird er zeitlebens ein Bettler bleiben. Ihr Hund ist, was er ißt, darum sollten Sie am Futter (4mal am Tag) für den jungen Hund nicht sparen. Besondes wählerisch ist Ihr Liebling nicht. Er ist völlig zufrieden, wenn er jeden Tag den gleichen Hundeeintopf bekommt, wobei Rohkost weit vor gekochter Nahrung rangiert, je natürlicher, desto besser! Wenn er nach all dem rohen Fleisch einen üblen Geruch ausstrahlt, geben Sie ihm sein Steak halb gekocht. Bei alledem gilt das Sprichwort „Hunger ist der beste Koch", denn hat Fiffi keinen Hunger, wird er sicherlich falsch ernährt. Ein Fasttag pro Woche und ausgedehnte Spaziergänge regen den Appetit enorm an! In der Regel frißt ein 10 kg schwerer Hund 650 g Nahrung pro Tag, ein 20-Kilo-Hund 1 kg und ein 50-Kilo-Hund 2 kg pro Tag. Pro Kilo Körpergewicht benötigt er 88 Kalorien pro Tag, auch Kohlehydrate wie Flocken und Reis sollten auf der Speisekarte nicht fehlen. Ein junger Hund braucht das Dreifache eines älteren Hundes. Ist die Schüssel sauber ausgefressen und blitzeblank geleckt, war die Menge des Futters absolut richtig berechnet. Sollte infolge Nichtbeachtung dieser Regeln aus Ihrem Hund ein „dicker Hund" geworden sein, hilft allemal die bewährte Regel „Friß die Hälfte".

Da Ihr Fiffi mit dem Futter gleichzeitig viel Flüssigkeit aufnimmt, braucht er zusätzlich nur wenig Wasser. Zweimal am Tage sollten Sie ihm die Schüssel füllen, damit er sich einen hinter die Binde gießen kann. Bei heißem Wetter oder nach anstrengenden Ausflügen kann er auch mal einen Tropfen mehr vertragen.

<u>Problem</u>: Pfunde, Freß- und Fettsucht   <u>Problemlösung</u>

95

b) Ein anständiges Hunde-Menü

Sicherlich wollen Sie Ihrem Liebling ein gutes „Fresschen" servieren, also werden Sie sich die folgenden Ratschläge hinter die Ohren und auf die Speisekarte Ihres Hundes schreiben. In der Regel soll der Hund $2/3$ Fleisch und $1/3$ Getreideprodukte zu sich nehmen. Nicht gesäuberte Mägen, also mit Nahrungsresten, und all diese herrlichen Innereien, außer Nieren, sollten in keiner Hundeküche fehlen. Leber, nicht allzu häufig gereicht, stellt eine nahrhafte Delikatesse dar. Diese Speisen sind wegen der hohen Nährwerte weit besser als Muskelfleisch, aber auch entgräteter Fisch ist vitaminreich und nicht zu verachten – wohingegen Schweinefleisch wirklich zu fett ist. Alle tierischen Speisen werden roh oder halbroh serviert. Abgelagertes, leicht angegammeltes Fleisch wird der guten Verdaulichkeit wegen besonders bevorzugt. Bitte das Fleisch in mittelgroßen Happen servieren!

In der vegetarischen Küche sollten Weizen, Hafer, Reis, Hirse und Roggen vorrätig sein. Die ungeschälten Getreideprodukte werden gekocht oder geröstet und als dicker Brei mit feingehacktem und halbgarem Gemüse serviert. Als Nachtisch wäre gelegentlich Quark, mit Milch verrührt und leicht gesüßt, zu empfehlen. Natürlich können Sie auch alle Ratschläge vergessen und Ihrem Liebling eine Dose Hundefutter kaufen. Da ist alles drin, und es schmeckt ganz vorzüglich, wovon Sie sich selbst überzeugen sollten. Guten Appetit!

Warum mußte Harry mit Hasso auch unbedingt „HOT DOG" spielen?

c) Eine haarige Angelegenheit

Jetzt wird's haarig, denn Haare hat Ihr Liebling mehr als genug. Die wichtigsten Voraussetzungen für ein schönes, seidenes Haarkleid sind eine gute Ernährung, genügend Bewegung und ein wohliges Lager. Steht es mit all diesen Dingen zum besten, können Sie Ihrem Hund mit Kamm und Bürste zu Leibe rücken, und zwar täglich vom Kopf bis zum Schwanz, wobei Sie den Bauch und die Beininnenseiten nicht vernachlässigen sollten. Abschließend polieren Sie ihn mit einem feuchten Lederlappen, und er wird glänzen wie Ihr neuerstandener PKW.

Bei kurzhaarigen Hunden verwenden Sie eine sogenannte Pferdekardätsche zum Bürsten, bei mittel- und langhaarigen Hunden eine Naturborstenbürste. Je länger die Haare Ihres Hundes, desto länger sollten die Borsten der Bürste sein. Bei besonders langhaarigen Hunden lassen Sie den Kamm völlig fort und entzauseln die verfilzten Stellen mit den Fingern. Natürlich sollte jeder Hund, je nach Länge und Dichte seines Haarkleides, speziell behandelt werden. Besonders während des Haarwechsels im Frühjahr und Herbst sind Bürsten und Staubsaugen unumgänglich. Das Bürsten bezieht sich dabei auf Ihren Hund und das Staubsaugen auf Ihren Teppich. Die Bürstenmassage beseitigt ausgefallene Haare und fördert hervorragend die Durchblutung der Haut. Eine gute Durchblutung hat kräftige, gesunde Haare zur Folge, was Ihnen Ihr Friseur ohne Zweifel bestätigen wird.

Links-, Rechts- oder Mittelscheitel?

d) Von Wasser und Seife

Von einem wohlig entspannenden Schaumbad hält Ihr Hund rein gar nichts. Es ist ihm völlig einerlei, ob er ein dreckiger Hund ist. Im ersten dreiviertel Jahr sollten Sie Ihren kleinen Liebling absolut nicht baden. Selbst ausgewachsene Hunde benötigen höchstens zweimal im Jahr ein Vollbad. Das natürliche Fett im Hundehaar wird durch Seife zerstört, und schlimmstenfalls bekommt er noch eine anständige Lungenentzündung hinzu. Mittel gegen Flöhe und Ungeziefer sind käuflich zu erwerben. Wenn Sie Ihren Freund regelmäßig bürsten und ihn ab und an mit Trockenshampoo einpudern und abstauben, wird er niemals richtig schön schmutzig sein. Sollte nach Ihrer Meinung trotzdem ein Bad unumgänglich sein, achten Sie darauf, daß es wohltemperiert (etwa 35 Grad) ist. Sie verstopfen Ihrem Liebling gegen das Wasser die Ohren und passen auf, daß ihm diese scheußlich ätzende Seife nicht in die Augen dringt. Nach überstandenem Bad wird aus Ihrem Dobermann der absolute Saubermann. Wesentlich wichtiger ist es aber, Ihrem Hund regelmäßig die Ohren sauber zu puhlen, die Augenwinkel vom Sekret zu säubern und bei häßlich gelbem Zahnbelag das Gebiß mit Zitronensaft oder Schlämmkreide zu putzen. Wenn Sie ihn darüber hinaus noch regelmäßig zur Pediküre schicken und ihm nach ausgedehnten Ausflügen Schmutz und Erdklumpen zwischen Zehen und Ballen entfernen, wird niemand übersehen, daß er einen gepflegten Hund aus gutem Hause vor sich hat.

Nicht alles, was Ihrer Schönheit dient, muß auch für Ihren Hund gut sein!

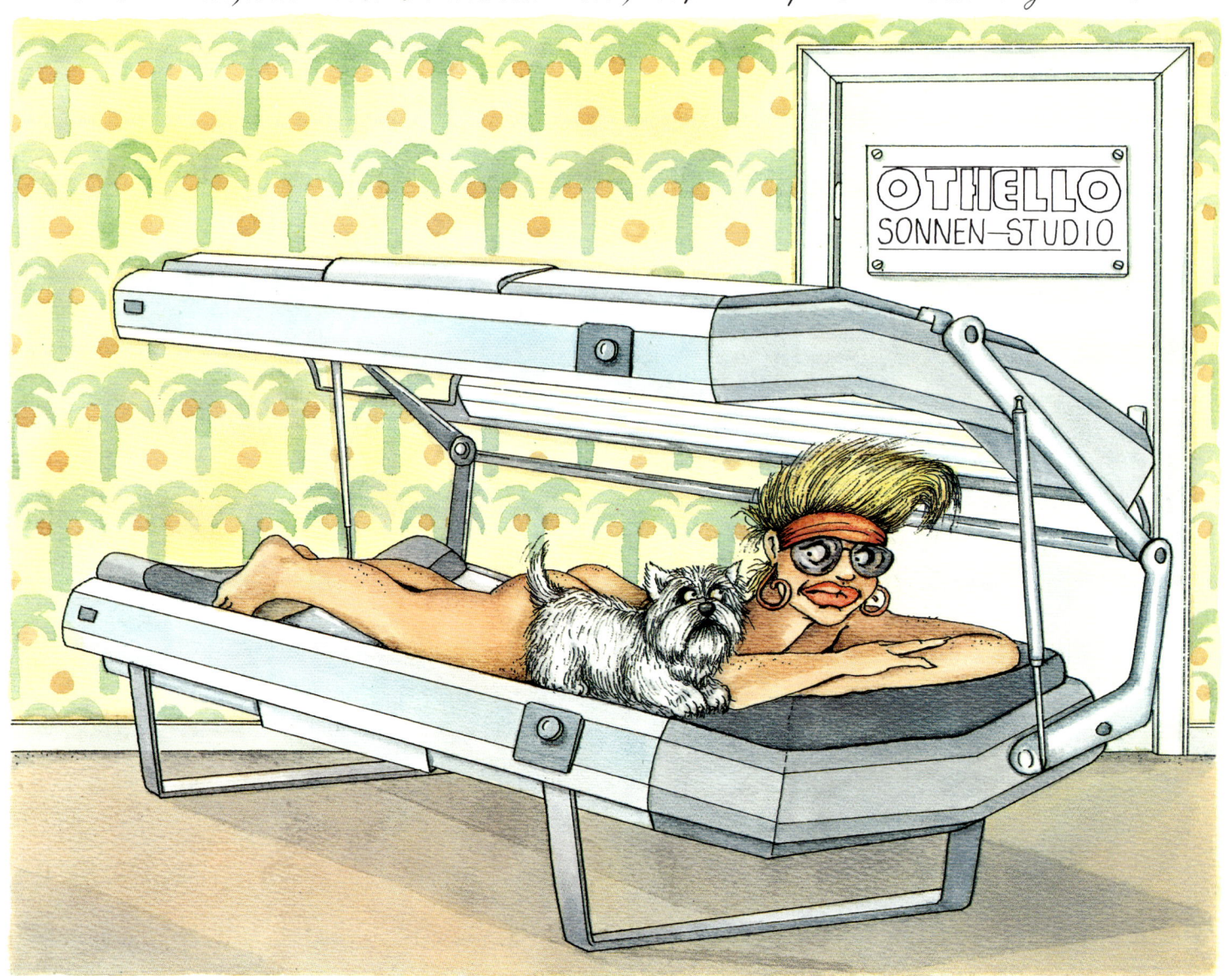

„Echt absolut kein bißchen Farbe, Blacky! Ich hätt' mir besser gleich 'nen braunen Hund gekauft!"

„Alles ein Abwasch!"

e) Beim Friseur

Damit Ihr Liebling <u>richtig rassig</u> aussieht, gehen Sie regelmäßig mit ihm in den Hundesalon, der heute auch „DOG-HAIRDRESS-STUDIO" oder ähnlich heißt. Hier wird Ihr Hund je nach Belieben oder Rasse geschoren (Pudelschur) oder getrimmt. Unter Trimmen versteht man dieses scheußliche Rupfen des reifen Haares. Man führt es mit Daumen und Zeigefinger, mit Rupfkamm und Trimm-Messer aus. Dieses vorbildlich vollendete Aussehen kann Ihrem Liebling nur der Fachmann geben! Werden Sie also nicht aus finanziellen Gründen zum Amateur-Trimmer. Die Prozedur beim Hundehaar-Stylisten dauert mindestens zwei Stunden, aber keine Sorge, die Mühe lohnt sich. Sie werden Ihren Liebling nicht wiedererkennen!

Anzeige

liebe Hundefreunde!

Machen Sie mehr aus dem Typ Ihres Hundes!

Bei uns können Sie Ihren Liebling nach Herzenslust scheren und trimmen lassen!

Herzlichst
Ihr

Daniel Dobermann

Hundehaar-Stylist

vorher

nachher

Sonderservice
Auf Wunsch kostenlose Abholung!

D. Das Liebesleben des Hundes

In allem hat der Hund sich dem Menschen tadellos angepaßt – nur in der Liebe nicht. Hier ist seine Einstellung seit Adam und Eva absolut unverändert geblieben. In seiner direkten Art sieht er in der Liebe nichts außer körperlicher Anziehung und Befriedigung, und das bitte auf dem schnellsten Wege und ohne sehnsüchtige Erinnerung oder Reue hinterher. Treibt Ihnen also diese ständige, offen lüsterne Schamlosigkeit fortwährend die Schamröte ins Gesicht, treiben Sie dem Hund die sexuellen Flausen aus und lassen ihn kastrieren oder sterilisieren. Nur so können Sie Ihre Prüderie bewahren!

Hunde werden im Alter von sechs bis zwölf Monaten geschlechtsreif. Zwei- bis dreimal im Jahr denkt die Hündin an nichts anderes, als sich mit Rüden zu paaren und trächtig zu werden. Sie ist „läufig", d. h., ihr laufen alle scharfen Hunde der Gegend nach und wollen immer nur das eine. Ganz sicher setzt sich Ihr Liebling ausgerechnet diesen dreisten, dahergelaufenen Köter für ihre Nachkommen in den Kopf. Also Obacht geben! Wenn Sie nun aber unbedingt diese putzig kleinen Fellknäuel wollen, bringen Sie die Hündin zum Züchter, der versteht was vom Decken. Es soll vorkommen, daß Ihre „Kupplerdienste" abgelehnt werden und die füreinander Bestimmten völlig desinteressiert und leidenschaftslos sind. Lassen Sie sich nicht entmutigen, ein paar Tropfen Whisky im Trinkwasser wirken Wunder! Völlig gegenteilige Verhaltensformen sind jedoch auch nicht auszuschließen. Ihr Rüde stürzt dann in seiner Übererregung auf andere Rüden, Sofakissen oder ausgerechnet auf das Schienbein Ihres hochnoblen Besuches. Seien Sie nicht so streng mit ihm! Er hört schon wieder auf. Auf keinen Fall sollten Sie ihn strafen, sonst wird er noch vor Verzweiflung zum Sittenstrolch!

Hunde treiben's wie die Hunde – 10 bis 40 Minuten lang. Danach „hängen" sie noch ein Weilchen zusammen – das ist völlig normal. Später, nach sechzig bis dreiundsechzig Tagen, „wirft" die Hündin, keine Angst, nicht mit Lehm oder Matsch, sondern ihre Jungen. „Werfen" nennt man den Geburtsvorgang. Je nach Größe der Hündin kann ein Wurf bis zu 10 Welpen umfassen. Und weitere 6 bis 12 Wochen später kommt Frau Hinz oder Kunz und wünscht sich nichts sehnlicher als einen von diesen kleinen Fußwärmern für den Winter.

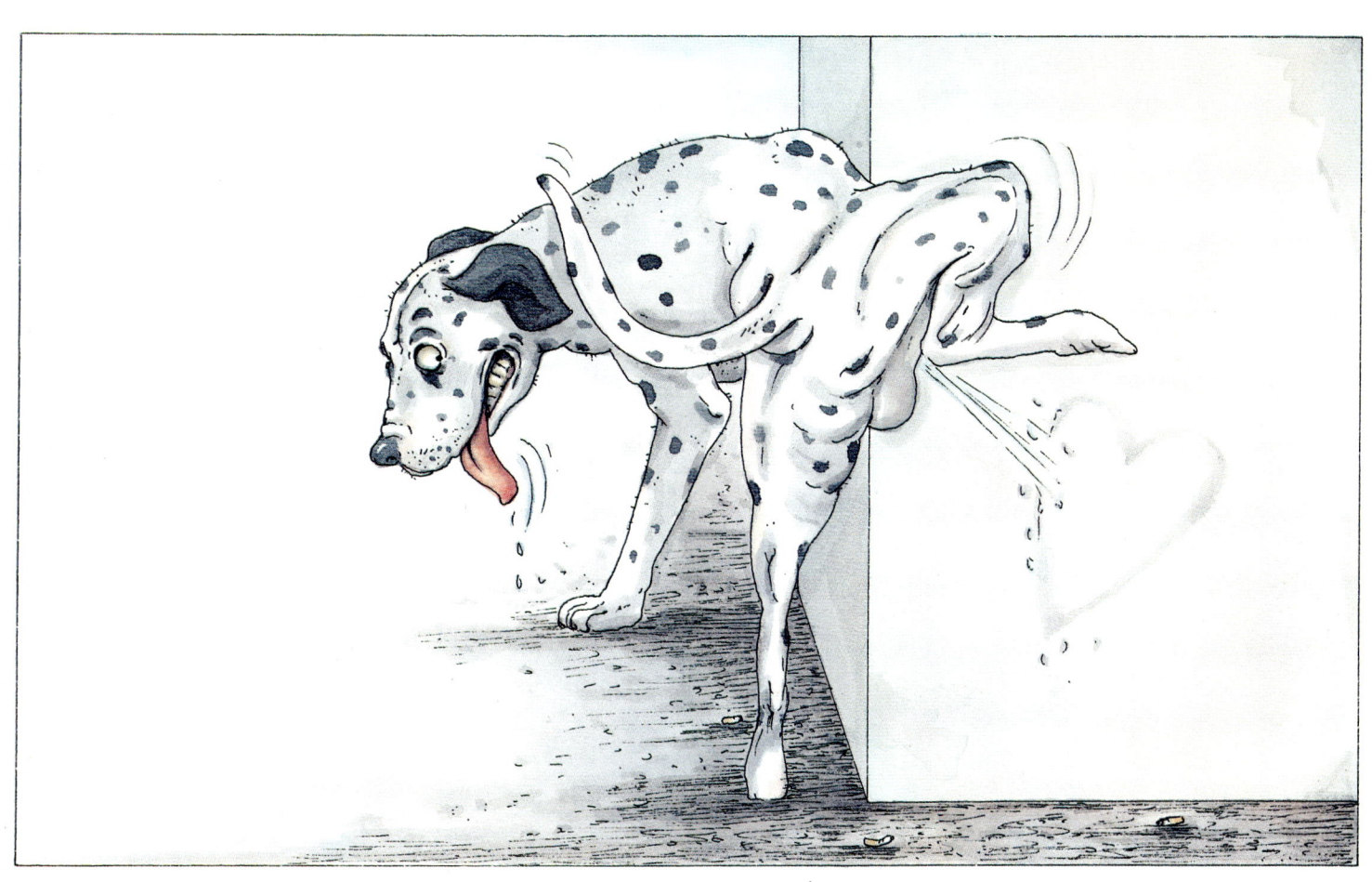

Duftige Grüße!

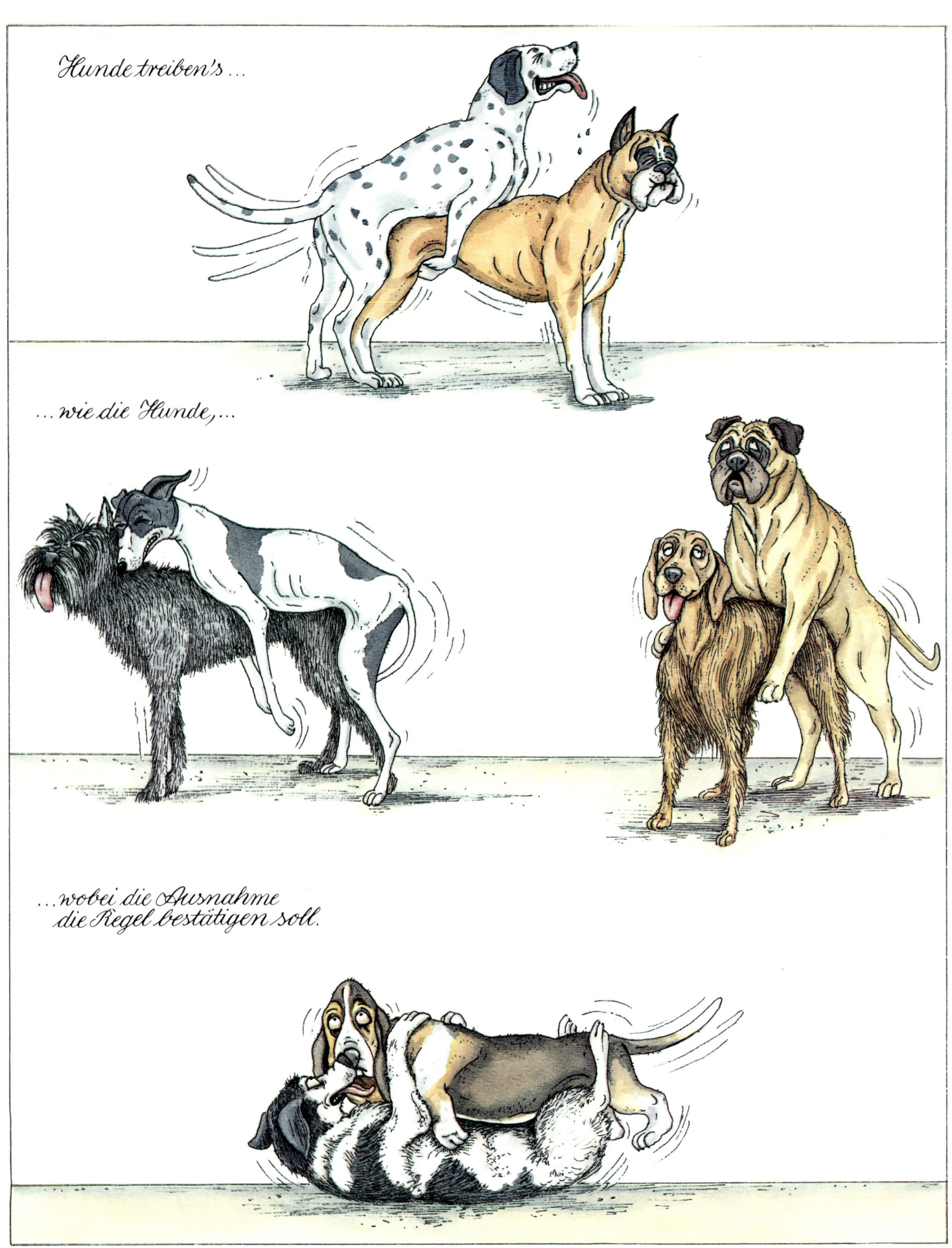

Doch wo ein Wille ist, ist auch...

... und nachher hat man die Bescherung!

E. Gesundheit und ein langes Leben

Wenn Sie einen dynamischen, vor Kraft und Gesundheit strotzenden Begleiter neben sich haben wollen, lassen Sie ihm Pflege, Ernährung und die äußeren Bedingungen zukommen, die diesen Zustand gewährleisten.

Ernsthafte Krankheiten des Hundes können nicht im Do-it-yourself-Verfahren und mit einer Handvoll Pillen aus Ihrer Hausapotheke behoben werden. Gehen Sie lieber gleich zum Tierarzt, der weiß Bescheid!

a) Der Hund ist krank!

Legt Ihr Liebling seltsam veränderte Verhaltensweisen an den Tag, dann schieben Sie diese nicht mit der Bemerkung „der ist völlig daneben und hat einen Sprung in der Schüssel" beiseite, denn es gibt eine Reihe von Anzeichen, die auf eine ernsthafte Erkrankung Ihres Hundes hinweisen.

Sie wissen doch, wie das ist, wenn es Sie selbst einmal erwischt hat: Sie sind schlaff und mißmutig. Die Nase läuft, und die Glieder sind furchtbar schwer. Sie haben keinen Appetit, aber Fieber, und die Kehle ist trocken. Ihre Haare hängen strähnig vom Kopf, und die Augen schauen glanzlos und desinteressiert in die Runde. Zu allem Übel müssen Sie sich auch noch übergeben und verkriechen sich am liebsten ins Bett.

Das alles sind Symptome, die auch die Erkrankung Ihres treuen Freundes begleiten. Sie sollten diese genauestens beobachten, um sie später dem Tierarzt ausgiebig schildern zu können. Trotz allen Wissens über Wohl und Weh Ihres Vierbeiners sollten Sie lieber einmal zu oft als einmal zuwenig zum Tierarzt gehen, wenn Sie einen „alten und weisen Hund" haben möchten.

„Er hat zwar miserable Heilerfolge, stellt sich aber ganz ausgezeichnet auf die Patienten ein."

b) So ein alter Hund!

Alles hat einen Anfang und ein Ende, dieses Buch und ein <u>Hundeleben.</u>

Da ein Hundejahr in etwa sieben Menschenjahren entspricht, bekommt Ihr Freund mit 6 bis 7 Jahren die ersten grauen Haare. Danach läßt die Sehkraft nach, und mit 10 bis 12 Jahren macht das Herz bei ausgiebigen Dauerläufen nicht mehr richtig mit.

Gönnen Sie Ihrem treuen Begleiter einen angenehmen und geruhsamen Lebensabend, bis er „den Freßnapf abgeben" muß. Bevor er sich selbst zur Last wird, sein Kotelett nicht mehr kauen kann und das Süppchen eingeflößt bekommen muß, bringen Sie ihn zum Tierarzt und ermöglichen ihm einen schmerzlosen und würdigen Abgang. Damit er sich nicht ängstigt und allein fühlt, bleiben Sie bei ihm bis zum unvermeidlichen

Ende